スノーデン・ファイル徹底検証

日本はアメリカの世界監視システムにどう加担してきたか

小笠原みどり

毎日新聞出版

スノーデン・ファイル徹底検証

日本はアメリカの世界監視システムにどう加担してきたか

目次

第三章 アンテナとドローンによる戦争

第四章 国家監視に協力するネット企業と通信会社

第五章 ネット監視に乗り出す日本の治安機関

終章　監視が世界を不安定化させている

ブックデザイン　鈴木成一デザイン室

序章 見えない監視と新しい情報統制

スノーデン証言が照らし出す日本の「監視法制」

2017年盛夏、日本の政治は激しく揺れ、奇妙な熱を発していた。森友学園事件に加計学園問題、5年目に入った第二次安倍政権の腐敗ぶりが次々と明るみに出されていた。いずれも安倍晋三首相その人が、いかに職権を乱用して友人や支援者に国有地の取引価格や大学の学部新設について便宜を図ったかが追及され始めていた。これは紛れもなく首相自身に生じた疑惑で、首相の関与を示す新たな証拠が現在まで報道され続けている。

その夏、なかでも安倍首相の友人が理事長を務める加計学園の獣医学部新設について、「官邸の最高レベルが言っている」「総理のご意向」と記された文部科学省の内部文書が報道され、自民・公明政権は窮地に立たされていた。7月には国会で閉会中審査が開かれ、前文部科学省事務次官の前川喜平氏が文書の存在を認め、学部新設に本来なら無関係の首相官邸が関わったことを証言した。しかし、その追及過程に安倍首相本人が登場することはむしろ少なく、前川氏が証言した7月10日の閉会中審査も首相は欠席した。代わりに、菅義偉官房長官が前川氏の証言を真っ向から否定し、萩生田光一官房副長官ら首相側近たちは「記憶にない」を連発した。公職にありながら、首相個人とその近親者のためにルールを歪め、その職権乱用を示す証拠がほとんど出そろっていても、首相をかばい、あくまで責任をあいまいにしようとする「忠臣たち」を論評して、「忖度」という言葉が盛んに使われていた。

私は第二次安倍政権が発足して約半年後にカナダの大学院で博士課程を開始し、以来ほぼ毎夏、日本に戻ってきていた。ますます狂おしくなる災害級の日本の夏は、けっして選んで戻りたい季節ではないが、子どもの学校が2カ月まるまる休みになるので、極寒がやっと終わったカナダから酷暑の始まる日本へ一気に飛ぶのが年中行事化している。着陸するたびに、日本の一年分の変化を目の当たりにする。

2017年は戻るやいなや、巷に満ち満ちたこの政治スキャンダル熱に私も感染してしまった。改憲を急ぎ、強権的な法案の強行採決を続け、「一強」を誇ってきた長期政権の揺らぎに、だれもが少し興奮し、怒り呆れながらも、何がしかの解放感を感じているようだった。普段なら権力を支えるマシンとして完全に縁の下にいるか、のっぺらぼうの官僚機構としてしか想像されない側近たちが、実はどれだけ率先して「総理のご意向」のために奔走し、自らも権力に連なって喜びを感じているかを、メディアは連日映し出した。権力の座にある人間たちの私欲と保身があられもなくサルサを踊っているような猥雑さといったらない。閉会中審査で目の当たりにしたのは、ボスをかばい、記憶をなくし、または核心を避け、逃げ延びて、まだまだパワー・ダンスを一緒に踊りたい男たちの顔、顔、顔……だった。

彼らの強烈な情念はモリカケ問題にある種の人間くささを与え、世間の関心の高さは、けっして自由度が高くはない日本の報道のなかで頻度を増し続ける有名人の性スキャンダルをどこか彷彿とさせた。鬱屈した感情のはけ口として拡散され、私的な事柄に議論を巻き起こし、消費されるニュース。かく言う私も、その毒気の強さに当てられながら、変化への糸口を期待していたのだ。

これはドラマである、とある人が言う。見ていて面白い、だから政治に無関心だった人たちもやっと安倍政権の本質に気づいて、疑問を持ち始めた、と。

これは権力の私物化である、と別の人が言う。安倍氏は「美しい国、日本」を掲げながら、実は自分とお友だちだけが利益を独占するべく謀っている、と。

どちらもそのとおりだと思う。けれども、あの夏が去って、こうも思う。私物化された権力ドラマの背景に、もっと深い政治の構造的な変化が起きていないだろうか。

これまで首相のスキャンダルといえば１９８９年、宇野宗佑首相は「愛人問題」を報じられて参院選で大敗、在任期間２カ月あまりで職を辞した。前の竹下登首相もリクルート疑惑で支持率が低迷し、内閣総辞職だった。安倍氏の疑惑は明らかに宇野氏をはるかに超えて深刻で、全容の解明が進めば竹下氏以上の規模かもしれない。が、国会の閉会審査中に内閣支持率がそれまでで最低の33％（２０１７年７月11日付、朝日新聞世論調査）になっても、安倍氏は内閣を改造しただけだった。強力な野党を欠く政治状況を逆手に、10月には総選挙に打って出て、ものの見事に長期政権を延命した。これまでの常識でなら、とっくに腐敗の責任を問われて退陣しているはずの政権が、まるごと権力の座に居座り続けている。これこそ真夏の怪奇のごとく盛り上がったニュースの後に、残された寒い現実だろう。
政権の腐敗を指し示すのは、森友・加計疑惑だけではない。２０１７年夏は同時並行して、南スーダン国連平和維持活動（ＰＫＯ）に派遣された陸上自衛隊の日報データを防衛省が組織ぐるみで隠蔽した問題が追及されていた。稲田朋美防衛相（当時）の遅すぎる辞任によって幕引きが図られ、メディアの視線は主に稲田氏がいかに安倍氏のお気に入りで、東京都議選の応援演説で「防衛省、自衛隊としてお願いしたい」と発言するなど、そもそも不適切な人選だったかに集中した。確かにこれも、権力の私物化の分かりやすい具体例だろう。が、公文書の改ざんやデータの隠蔽は、安倍政権下でその後も繰り返し表面化している。キワモノめいた登場人物による権力の私物化に目を奪われている間に、私たちはもっと重要な変化を見逃していないだろうか。そのことが、不正にまみれた政権が延命し続ける強力な手段になっていないだろうか。

本書は、いま私たちの目の前で進行している権力の変質を、「監視」という視点から解き明かしていく。目に見えるスキャンダルは、目に見えないいくつもの長期的、短期的な要因から成り立っている。森友・加計疑惑をはじめ、単発で報道される様々なニュースの陰に、急成長する監視の力が見え隠れする。組織的に嘘をつく官僚たち、メディアを脅し懐柔する政治家たち、官邸で重用される公安警察出身者たち、恫喝される内部告発者と批判者たち、そして否定される真実――日本の政権が民主主義の外観を保ちながら、監視を用いて民主主義の発動を抑え、支配の強化に専心していることを、これから追及していく。政府が監視を強めている証拠として、次々に成立している監視立法に目を向け、その背後に日米政府が日本で実行してきた監視活動の存在があることをアメリカの機密文書によって明かす。

監視の膨張は日本だけで起きているのではない。世界中で台頭する強権的な政府――米国、ロシア、中国、フィリピン、サウジアラビア、トルコ、ブラジルなど――と、そこで拡張する監視システムとも呼応している。もちろんそれぞれの国の監視体制は異なるが、政府と企業がデジタル技術を駆使して人々の動向を追い、個人情報を集め、自分たちの利益のために積極的に投じる戦略は共通している。世界的な監視システムを極秘裏に発達させたのは米国だが、いまや諸外国も米国に協力し、あるいは対抗するためにしのぎを削っている。軍と警察は歴史的に監視の物質的基盤をつくりあげる原動力となってきたが、この監視体制が産み出す情報操作にメディアとジャーナリズムが深く関わっていることも明らかにする。

スキャンダルに沸き、めまぐるしく情報が入れ替わる社会で、実は私たちの視界はすでに大幅に遮断されているのかもしれない。真実に対応するのではなく、嘘が「もうひとつの真実」に変わるまで唱え、民意を操作することに全身全霊で取り組む者たちの手によって。監視を駆使する権力の構造にいま気づかなければ、私たちは私欲と保身が絡みあうサルサを永遠に見物させられるだろう。なぜなら、たとえ時の権力者がやがて退場しても、破壊された民主主義の跡に監視システムは残り、次の踊り手たちに奉仕するだろうから。

スノーデンがくれた視点

安倍政権は２０１２年12月の発足以来、人々を監視するための立法に早足でいそしんできた。13年の特定秘密保護法、16年の盗聴法大幅拡大、そして17年の共謀罪、である。

これらを「監視法制」と呼んでもピンと来る人はあまりいないかもしれない。個々の法案はバラバラに語られてきたし、残念なことにそれぞれが世の関心を十分に集めたとは言えない。監視法制を提案する側は決して「これから国民を監視します」とは宣言しない。共謀罪審議で金田勝年法相（当時）は「一般人には関係がない」という国会答弁を繰り返した。強権的な法律はいつでも「あなたには実害はありませんよ」と宣伝される。が、「一般人は関係ない」とは共謀罪法には書かれていないし、そもそも国民に関係のない法律などない。

なぜ共謀罪を含む三法を一連の流れとして監視法制と位置づけるのか。そこには立法事実として語られなかった背景がある。

内容に入る前に、私がなぜ監視法制という視点を提示するかを短く説明しておきたい。私は新聞記者だった１９９９年に盗聴法案と改正住民基本台帳法案（住民基本台帳ネットワークの創設法案）の強行採決に遭遇し、２０００年代から公共空間に現れた監視カメラや、顔認証システムなど生体認証技術の取材をしてきた。２００１年に米国が「対テロ戦争」のゴングを鳴らすと、デジタル技術を用いた新たな監視装置が一気に拡大し、インターネット上を行き交う私的な通信情報も監視の渦に飲み込まれていることがわかってきた。私はカナダの大学院を監視研究の足場にしながら、2016年5月、米国家安全保障局（NSA）の元契約職員、エドワード・スノーデン氏にネット上のビデオ回線でインタビューすることに成功した。

スノーデン氏は2013年6月、NSAが世界中に張り巡らせた電子監視網を内部告発した人物だ。米国防長官直属の諜報組織であるNSAの内部機密文書によって暴露された、大量無差別監視の手法は多岐にわたる。国際通信ケーブルの上陸点に盗聴拠点を設けて通過する全データを総コピーする、マイクロソフト、ヤフー、グーグル、フェイスブック、スカイプ、アップル、ユーチューブなど米大手インターネット9社から一日数百万件にのぼる顧客情報を提供させる、IT機器に「バックドア」（裏口）と呼ばれる情報収集の細工を施して出荷する、など。特定の容疑がある人物を監視する従来の方針から、地球上の全人口を監視対象とする方針への大転換が図られ、NSA内で「すべて収集する（コレクト・イット・オール）」と呼ばれていることが判明した。

スノーデン氏の告発は世界を驚愕に陥れ、日本でも速報された。だが、日本でこれを読者や視聴者に直結する問題として追及した報道機関はほとんどなかった。日本ではパソコンや携帯電話が暮らしの隅々まで浸透しているが、デジタル技術への批判的思考と検証が大幅に立ち遅れてきた。2015年夏、NSAが日本の官庁などの電話計35回線を外交・経済スパイ目的で長期間盗聴してきたことを内部告発メディア「ウィキリークス」が公表したとき、安倍首相は米政府にいたって控えめで形式的な「抗議」をしただけで、調査もしなかった。同様にメディアも、当然追及するべきだった「米国の監視活動はどこまで日本で広がっているのか、市民は監視されているのか」という問いにつなげなかった。

そこで私のスノーデン氏へのインタビューは「日本にとってのNSA監視問題」に焦点を定めた。二時間半のインタビューの前半で私を驚かせたのが、「特定秘密保護法は実はアメリカがデザインしたものです」という彼の発言だった。

スノーデン氏は09年から2年間、米空軍横田基地（東京都）のNSA日本代表部に勤務している。日本の法律を米国が下書きしたと述べる根拠は、彼が現場で目撃した日米の徹底的に不平等な関係と、監視領域を合法的に押し広げる任務を負ったNSA内の法律家集団の存在にある。氏のこの一言で、私には秘密保護法のまったく新しい背景が見えてきたのだ。

詳細については拙著『スノーデン、監視社会の恐怖を語る　独占インタビュー全記録』（毎日新聞出版）を参照してほしいが、要は、NSAは「すべて収集する」大量無差別監視を日本でも実行しており、日本で暮らす人々のメールや通話、チャット、ネットの閲覧履歴なども入手している。しかしこの監視活動は明らかに違法なので、米国は自らを守り、かつ監視領域を押し広げるために、日本に秘密保護法の制定を持ちかけた。秘密保護法によって、政府が指定するファイルを非公開にできれば、NSAの違法監視活動を公衆の目から隠し、もし秘密を漏らす者がいれば罰することができる、と。さらに、秘密保護法ができれば「NSAは日本政府にもっと機密レベルの高い情報を提供できる」と、日本の鼻先にニンジンをぶらさげた、というのだ。

つまり米国は自らの違法監視を合法的に守るために、秘密保護法の制定を強力に後押しした。これは日本政府にとっても好都合だった。なぜなら、後述するような米国への監視協力や独自の監視活動をも公衆の目から隠せるから。こうしてスノーデン氏の明らかにした秘密保護法の背景を考慮すると、盗聴法大幅拡大も共謀罪も単発の出来事ではなく、国による現在は違法な監視を合法化するという目的に合致する一連の監視立法ではないか、という疑念が頭をもたげてくる。少なくとも一連の立法は互いに補い合いながら、政府の監視活動が許される範囲を急速に広げている。

違法な監視を隠し、手段と理由を合法化する

私はそれまで、秘密保護法を日本の文脈のなかでしか考えてこなかったので、スノーデン氏の発言はまさに目から鱗が落ちる思いだった。日本では1980年代に自民党がスパイ防止法を推進していたし、憲法破壊的な言動を繰り返す安倍政権の顔ぶれを考えれば、秘密保護法を提案しても不思議はないとしか感じていなかったのだ。

スノーデン氏は、私の古びた思考の壁を取り払い、摩滅した感性を再生させてくれた。私の視界は広がった。21世紀の初頭によみがえった秘密保護法案の背景には、20世紀とは違う具体的な要求が持ち上がっていたのだ。米国の世界戦略にのっとった要求である。が、もちろんその傲慢な要求は深く舞台裏に隠されている。秘密保護法であれ、他の法律であれ、他国からの圧力で日本の法律が書かれているとすれば、民主主義国の名には価しない。法案はもちろん、それこそ政権を揺るがす主権問題となる。

特定秘密保護法の成立によって、政府が指定した秘密に触れた内部告発者や、秘密を報道した

ジャーナリストは最高懲役10年という重罪に問われることになった。深刻な影響はまず、報道の自己規制に現れた。「世界報道の自由度ランキング」を作成する国境なき記者団（本部・パリ）は２０１６年、日本を１８０カ国中72位と位置づけ（6年前まで11位だった）、「メディアが自己規制し、独立性を欠いている」と評価して、その理由に秘密保護法を挙げた。17年も72位のままで、国境なき記者団は「安倍晋三という脅威」という表題で、「日本のメディアの自由は、安倍晋三が12年に首相に返り咲いて以来、減少し続けている」と、率直に原因を指摘している。つまり同法で逮捕された報道関係者がまだいなくとも、政府の強権発動を必要とするまでもなく、言論への抑止効果は十分効いている、ということだ。

秘密保護法によって違法な監視活動の実態を隠すことに成功した後、政府が手をつけたのはこれまで違法だった監視の手段を大幅に合法化すること、すなわち２０１６年5月の盗聴法（通信傍受法）改定である。１９９９年に成立した盗聴法は、組織犯罪型の4類型（薬物、銃器、集団密航、組織的殺人）に対象を絞っていたが、改定で窃盗、詐欺、恐喝、傷害など「数人の共謀」する一般罪についても、警察が人々の会話を盗聴できるようになった。同時に、それまで通信会社の立会人が必要だった手続きを廃止し、警察単独で盗聴ができるようにした。

盗聴法に詳しい小池振一郎弁護士によれば、全国の警察はこれまで東京の通信会社に出張して短時間のスポット盗聴を実施していたが、盗聴法の改定で、地元の署内にいながらにして長時間の盗み聞きができるようになった。さらに、警察が違法盗聴で収集した情報は裁判では証拠として使えなかったが、盗聴捜査の拡大によって裁判の証拠のみならず、容疑者を自白へ追い込む脅しの材料として使われる可能性も高まるという。事件取材で関係者に接触するメディアの記者たちもまた、盗聴の網にかかる可能性を想定する必要が出てきた。

そして2017年6月、野党と世論の反対を押し切って強行採決された共謀罪は、ついにこれまで違法だった監視の理由を合法化した。これは戦後の刑法の鉄則を宣言なしに覆す試みでもあった。これまでの刑法では犯罪の実行行為がなければ犯罪が成立しなかったが、共謀罪は会話のなかで犯罪の「合意」があったとみなされれば犯罪が成立することになった。合意があったかどうかは会話を聞かなければわからない。だから共謀罪は盗聴捜査を前提とする。それも、すべての会話が潜在的に盗聴対象になる。なぜなら、警察にとっては、犯罪と関係のない会話のなかから、犯罪に関係する会話を洗い出すことが捜査だからだ。277もの犯罪を対象とする共謀罪によって、権力は人々の日常会話に合法的に介入する理由をつくりだした。前年に拡大した監視の合法的な手段である盗聴を、さらに押し広げる効果を持つことは言うまでもない。

「闇の奥」をのぞき込む

こうして三つの法律を監視という視点でつなぐと、三段階で互いが互いを補い合い、一つの強力な「監視ワールド」が構築されつつあることが明確になる。

そこに監視法制という視点を示唆してくれたスノーデン氏の告発内容を重ね合わせれば、米国の違法監視も日本の協力もまさに全面的に合法化されると同時に隠され、法律の庇護のもとで監視技術がますます攻撃的になっていくことが予想できる。スマートフォンであろうとパソコンであろうと、コミュニケーションの中身を丸ごと取り出せる大量監視が、盗聴・共謀罪捜査に凄烈な牙を与えることは疑いない。モノのインターネット化（ＩｏＴ）や人工知能（ＡＩ）によってデジタル技術が生活の細部に入り込んでいけばいくほど、政府は私たちの行動や関心についてのデータを収集しやすくなる。

スノーデン氏の証言は、安倍政権が強引に進める監視法制の背景に、米国が世界中に拡散させる「対テロ戦争」の闇が広がっていることを知らせる。全面監視の技術は戦争マシンの一部だったからこそ、予算化され、開発され、実用化され、かつ秘密にされてきた。時代を画する他の多くの技術が、戦争と軍事予算から生まれたように、初期インターネットも米ソ冷戦下の核戦争危機の申し子として、米国防省の援助で開発された。その点で、秘密保護法成立後の２０１５年に、集団的自衛権を合法化する新安保法が強行採決され、国があらゆる個人情報を一元的にひもづけする共通番号制度（マイナンバー）が施行されたことは、けっして偶然ではなく、監視と密接に絡んでいる。あらゆる個人を監視しようとする法制度は、戦争遂行を容易にするための強力な衝動の一環として立ち現れてきた。

戦後の日米関係に巣食う秘密の領域、密約について近年著作を重ねている矢部宏治氏は、著書『日本はなぜ、「戦争ができる国」になったのか』（集英社インターナショナル）で、多くの密約の現場となってきた日米合同委員会（第二章を参照）を「闇の奥（ハート・オブ・ダークネス）」と呼んでいる。監視とは直接関係のない、ジョセフ・コンラッドの同名小説からの命名だが、日本現代政治の奥に米国への戦争協力という至上命題が横たわり、その虚無的な闇が権力の源泉となっていることを、私も矢部氏と同様に、スノーデン氏にインタビューして以来、痛感している。次々と提出される危険な法案を監視という視点からとらえ直すことは、現代政治の闇の奥をのぞき込むことでもある。それを避けて、安倍政権はむろん、世界的に繁茂する全体主義的な権力を理解することはできない。

共謀罪に触れなかったNHK

さて、この日米の闇の奥を照らし出す稀有なチャンスが、ちょうど共謀罪法案審議中の17年4月、日本に到来した。スノーデン氏提供のNSA日本関連文書の初公開である。13年のスノーデン告発を世界に知らしめた英紙ガーディアンのコラムニスト（当時）、グレン・グリーンウォルド氏がその後に発足させた米調査報道メディア「インターセプト」と提携し、これを日本で同時に特報したのはNHKだった。NHKは2回の「クローズアップ現代＋」で公開文書を計13点と紹介。これらの文書はまさに日米政府がどれだけ日本国内に監視システムを築き、人々のコミュニケーションを監視できるかを暴露する内容で、共謀罪の審議に直接影響を与えるタイミングだった。

が、NHKは番組で、共謀罪に一言も触れなかった。

不思議なスクープだった。詳しくは次章で述べるが、番組第1回は、日本が米国の監視活動の被害者となった事例を取り上げ、だから日本も軍事諜報の分野で遅れをとってはならないという論調で終わった。第2回でようやく公開文書の目玉ともいえるNSAの日本政府への監視システム「エックスキースコア」提供を取り上げる。エックスキースコアとは、スノーデン氏が私のインタビューで「スパイのグーグル」と呼んだ検索装置で、フェイスブックなどネット上に公開されている個人情報はもちろん、メールなど非公開の情報も網羅。例えば「安倍」「打倒」といったキーワードを入力すれば、政権に批判的な声を簡単に洗い出すことができる。共謀罪の捜査に使われれば、あらゆる人々をなんらかの犯罪の容疑者に仕立てあげることが可能な、恐るべき監視システムだ。それをNSAが防衛省に提供したことを、2013年の文書が明記していた。にもかかわらず、「クロ現」は防衛省がNSA文書について「いかなる性格の文書であるか承知していないため、コメントは差し控えます」と回答したことを理由に、「今回、実際にエックスキースコアが提供されたかどうかは確認できませんでした」と結論づけた。闇の奥を照らし出す千載一遇のチャンスに、自らスクープを連呼しつつ、内容をあえてぼかしたのだ！

さらに番組は、ロシア亡命中のスノーデン氏との面会に成功しながら、放映したインタビューは計3分にも満たないなど、特ダネにそぐわない扱いが随所に目立っていた。

私はこの業界で特ダネがどれほどの威力を持っているか知っている。読者や視聴者が想像する範囲をはるかに超えて、ニュースの核心とはいえない些末な事柄（例えば殺人事件の凶器は刃渡り何十センチの出刃包丁だったたか、など）でも、他社が知らない事実は特ダネとして別格扱いされ、大きく報じられる。それは激しい競争にしのぎを削る報道機関にとって、勝利の雄叫びなのだ。アメリカという世界最強の権力の、最暗部を照らし出す機密文書を入手したとなれば、正々堂々、世界に向かって雄叫びを上げて然るべきなのだ。なのに、なんだろう、このあいまい感と中身のなさは——一体何を遠慮しているのか？

世紀の特ダネの不自然な扱いを、私は不審に思い、NSA文書の検証に取りかかった。NHKのサイトで5点しか公開されていない文書は、インターセプトのサイトでは15点以上入手できた。NHKが報じなかった数々の事実が明らかになり、私は『サンデー毎日』で集中連載「スノーデン証言が暴く共謀罪と監視社会」（2017年8月13日号〜9月24日号）として発表した。

第二章からスノーデン・ファイルの詳細に入っていくが、ここで概略を示しておこう。

機密文書からまず読み取れるのは、日本政府が在日米軍基地内のNSA監視装置に巨額の資金を援助してきたことだ。沖縄県読谷村にあった楚辺通信所、通称「象のオリ」は1996年の日米合意で返還が決まったが、実は米海兵隊キャンプ・ハンセン（同県金武町）への移設が約束され、日本政府は2006年までに5億ドル（約600億円）をかけてインターネット監視用の最新設備を建設した（第二章）。横田基地にも04年、アンテナの生産と修理をする「工学支援施設」を建設し、建設費の660万ドル（約8億円）と年間人件費37万5千ドル（約4500万円以上）も、日本の納税者の懐から支払われてきた（第三章）。

資金だけではない。横田基地のアンテナ設備はアフガニスタンでの対アルカイダ作戦や、韓国、タイでの情報収集に使われ、イラク戦争やバルカン紛争、中南米での麻薬戦争などにも直接関わってきたことを、機密文書は記していた。米国の戦場で、いまやまず配備されるのはアンテナやドローン（無人機）であり、携帯電話の位置情報などから「敵」の場所を特定し、遠隔操作で

米空軍横田基地で待機する無人偵察機グローバル・ホーク。上空から地上の電子データを収集することができる「空の眼」だ＝東京都福生市で、溝越賢撮影。

襲撃する。日本政府は米軍にその設備と基地を提供し、私たちは殺害行為に知らぬ間に加担してきたのだ、平和憲法の下で。

対テロ戦争への日本の「貢献」への見返りとして、NSAは防衛省にエックスキースコアを提供し、サイバー・スパイ養成に手を貸してきた（第五章）。これは一方で、自衛隊の米軍への組み込みと軌を一にしている。世界監視の新拠点となった横田基地には12年、在日米軍司令部の真向かいに航空自衛隊の航空総隊が移駐した。私が17年夏、横田を訪ねたときには無人偵察機グローバルホーク2機が不気味に翼を休めていた。まさに世界を監視するための最新型ドローンは中東地域を飛来してここに戻ってくる。米軍の世界地図のなかで、日本が対テロ戦争の主要拠点として位置づけられていることが、文書全体から浮かび上がってきた。

さらに、18年に追加公開された文書からは、日本政府が12年からインターネット大量監視へと舵を切り、NSAの協力を得て翌年から防衛省情報本部・太刀洗通信所で1時間に50万件というデータ収集を開始したことも判明した（終章）。この計画を主導したのは、内閣官房の中核、内閣情報調査室であることも記載されていた。

テロを止めるためだから仕方ない、と思う人もいるだろうか。が、忘れてならないのは、スノーデン氏が私のインタビューで指摘したとおり、テロ対策として拡張したはずの監視装置がテロをまったく止めることができていない、という事実だ（前出『スノーデン、監視社会の恐怖を語る』参照）。米国の対テロ戦争開始から約20年、無差別殺傷事件は収まるどころか拡散する一方で、フランスをはじめとする欧州を、常時、非常事態つまり戦場に変えつつある。スノーデン氏の告発を受けてNSA監視の実態を検証した、オバマ大統領（当時）と上院の選んだ専門家委員会でさえも「新たなテロ計画の発見やテロ攻撃の阻止に盗聴プログラムが直接役立ったケースはひとつも見つからなかった」と結論づけた（2014年1月23日付ワシントン・ポスト）。

では、集められた個人情報は何に使われてきたのか。NSAと最も密接に連携する英国の諜報機関GCHQは情報セキュリティ評価として、調査報道ジャーナリストを「テロリスト」や「ハッカー」と同列に「脅威」と位置づけている。GCHQがニューヨーク・タイムズ、ワシントン・ポスト、BBC、ガーディアン、サン、NBC、ロイター、ルモンドの大手報道機関の記者や編集者が発信するメールを収集してきたことを、ガーディアンはスノーデン文書によって報じている（15年1月19日付）。日本のメディアも対象になっているのか、という私の問いに、スノーデン氏は「これは表現の自由、報道の自由を誇ってきた自由主義、民主主義諸国で起きていることです。なぜ日本のジャーナリストだけが除外されるのでしょう」と答えた。

諜報機関は報道だけでなく、平和運動や労働組合、市民活動も敵視している。GCHQが世界的な人権擁護団体アムネスティ・インターナショナルを違法にスパイしていたことは15年、英裁判所が認定した。市民団体の解体を図ったり、社会的信用を失墜させたりするためにネット上に偽情報を投稿していることも判明した。つまり、諜報機関は集めた情報を国家体制の維持に使いこそすれ、人々のいのちを守るためには使っていないのだ。

メディアの壁と「暗黙のルール」

スノーデン日本関連文書を特報したNHKは、私がここに要約したことをすべて文書から読み取っていたはずだし、スノーデン氏がいのちをかけて文書を提供した経緯と、内容の重大さを考えれば当然、これらを報道する責任があった。が、2回の「クロ現」は、日本政府の持つ監視能力をあいまいにし、市民監視を合法化するに等しい共謀罪法案とあえて関連づけなかった。

私は前出のグリーンウォルド氏の言葉を想起した。スノーデン氏の暴露を13年、グリーンウォルド氏と映画監督ローラ・ポイトラス氏が世界に放ったとき、三人が心に期したことがあった。米メディアにはびこる「暗黙のルール」には従わない、と（グリーンウォルド著、田口俊樹、濱野大道、武藤陽生訳『暴露　スノーデンが私に託したファイル』新潮社）。「暗黙のルール」とは何か。

まず、政府に記事の内容をご注進すること。そこから政府と発表する内容、しない内容についての長い交渉が始まり、報道は妥協を余儀なくされる。次に、政府の用いる「中道語」を使うこと。日本語の例で言えば、「盗聴」を「通信傍受」に、「大量監視」を「情報収集」に、「共謀罪」

を「テロ等準備罪」に、「軍事介入」を「積極的平和主義」に言い換える。それによって政府の言い分に説得力を与え、暴露の効力を自ら弱めることになる。最後に、機密文書は1～2点公表したらそこで止めること。大スクープの栄光を勝ち取ったら、政権に打撃を与えない程度に抑えておく――。

私はNHKのスノーデン文書スクープに、まさにこの「暗黙のルール」を見た気がした。NHKが政府と交渉したかは知らない。が、傲慢な取材拒否としか思えない防衛省の回答をもって、監視装置の提供は不明、と結論づけるのは筋が通らない。防衛省の取材拒否は、米機密文書の記載を否定する反証にはまったくなっていないからだ。それなのに、NHKはあえて違法監視装置を隠したい防衛省に利する結論を導き出している。

かつて新聞社に勤めていた頃の自分の取材を含め、記者が最終的に役所にコメントを求めるのはわかる。取材者は注意深く事実を掘り出した後で、責任者に話をぶつける。しかしそれは、権限を持った人間に責任を問う作業であって、ご注進や安全策であってはならない。もちろん責任者がすべて事実を認めれば裏づけになるかもしれないが、実際には責任を問われる立場の人間が「はい、そのとおりでございます」と認めるわけがない。それこそお偉方が率先して、鉄面皮で嘘をつくのが大流行りのいま、役所でも企業でも学校でも、責任者はまず否定してみせるだろう。特に、違法性が問われる場合には。だからといって、事実が揺らぐわけではない。確証をもって掘り起こされた事実はそのまま伝えられなくてはならない。

スクープですら、いやスクープだからこそ、問題の核心を外してしまうスノーデン報道のあり方に、私は対テロ戦争と監視法制のもとで加速度的に進んだメディアの自己規制の深刻さを感じずにはいられない。おそらく、世界報道の自由度ランキングが72位に落ちる以前から、この心理状態は深く潜行していた。足下が戦場でなくても、権力に真実をぶつけることのできない報道機関は、すでに戦時下の心理にある。不可視の情報統制が始まっている。その意味でメディアはいま真実を伝える媒体ではなく、真実を伝えない壁として、人々の前に立ちはだかっているのではないだろうか。

あふれる情報が隠す真実の不在

だから私はこれから、日本の主要メディアが踏み込まなかったスノーデン日本関連文書を徹底的に伝えるとともに、日本の文脈のなかに据えて報告する。文書は米国の立場から書かれ、日本にほとんど関心を払わない。だが、沖縄をはじめとする在日米軍基地の機能、日本の対テロ戦争への参加、防衛省・自衛隊と公安警察の強化、市民的自由の切り崩しと、どれひとつとっても私たちの現在と未来に深く関わる。その点で、単に英語を日本語に翻訳する以上の意味、日本政府が米国の監視システムに加担することの日本の人々にとっての意味を、私は描き出そうとしている。

その出発点として、安倍政権が急ピッチで進める監視法制は、世界監視システムと関連づけて理解される必要がある。監視法制は、政府にすべての人々を監視するための合法的な手段と理由を与え、監視の実態をブラックボックス化しながら、近づく人々を罰しようとする。スノーデン氏はそれを警告し、彼が提供したファイルは私たちの知らない間に日米が国内外の「標的」に対し実行してきた監視と暴力という、現代政治の「闇の奥」を照らし出す。

監視法制が戦争と連動していることは、もはや疑いない。集団的自衛権の合法化と改憲を対外政策の歴史的転換と見るなら、監視法制は国内政策の重大な変質として、合わせ鏡の関係にある。しかし現代の監視は目に見えにくく、デジタル技術が礼賛される世の中では、改憲ほどにも警戒されていない。監視法制はかつての治安維持法のように、私たちの生活を包囲し、暴力的になる政府への批判を控えさせるために姿を現している。スノーデン氏は私にこう語った。

「監視は最終的に、権力に抗する声を押しつぶすために使われていきます。そして反対の声を押しつぶすとき、僕たちは進歩をやめ、未来への扉を閉じるのです」

監視によって人々の声がなきものにされれば、向き合うべき真実は否定され、変革すべき機を逸し、一見「平穏」な日常のうちに破局が迫ってくる。監視によって集められたデータは、権力の「平穏」のために、人々が受け取る情報を操り、行動を制御するために使われる。

監視を積極的に用いる権力の変質に気づけば、安倍首相が報道関係者と会食し続けて力を注いできたメディア・コントロールは、その実践だということがよくわかる。秘密保護法と前後して、宣言も検閲もなしで始まった情報統制によって、最も焦眉の問題を伝えることを阻む「メディアの壁」が私たちを取り囲んでぐんぐん丈を伸ばしているのだ。

メディアが壁になるなんてまさか、と思う人もいるかもしれない。なにしろ日々大量の情報を送り込み続けているのだから。しかしあなたの手元のスマートフォンやパソコンに絶えず流れ込んでくる情報の質をよく見てほしい。増える一方の健康・美容記事、有名人のゴシップ、商品知識、お笑い芸人の発言、ネットを席巻するゲームとポルノ——役に立つ情報、気を紛らわすネタは山のようにある。が、そこからは闇の奥へと通じる真実だけがきれいに切除されている。米国の批評家ノーム・チョムスキーによれば、メディア・コントロールの真髄は人々の関心を政治からそらし続けることだという。あふれる情報が真実の不在を隠しているのだ。

はびこる監視と情報統制に風穴を開けるには、闇の奥を照らす真実の断片を投げ込むしかない。スノーデン、グリーンウォルド、ポイトラスの三氏は真の報道を実現するため、次から次へと記事を出し、どんな罵声を浴びても、どんな脅しを受けたとしても、人々が知るべきすべてを知らせるまでは報道をやめない、と決意した。この人たちの勇気に世界中から、どれだけ多くの感謝と敬意が寄せられたことか。なぜなら、視界が遮断された、息苦しい人生を、だれも生きたくはないからだ。

監視の実態を知ることは一過性のスキャンダルには終わらない。真実は、人々のものの考え方と行動を長いスパンで根底から変えていく力を持っている。だからこそ、権力は不都合な真実を封じ込めようとする。森友・加計疑惑と共謀罪法案が交差した２０１７年、スノーデン氏が届けようとした不都合な真実はどう迎えられたか、まずは見えない監視と新しい情報統制の現状を直視することから出発する。

第一章　共謀罪とスパイ化する権力

スノーデン・ファイルの核心を外したNHK

スノーデン日本関連文書は、国家による個人の監視へ大きく道を開く法案が国会で審議されている最中、まさにエドワード・スノーデンからの緊急警報のように初公開された。2017年3月21日に閣議決定された共謀罪新設法案は、6月15日に強行採決によって成立、その後1カ月もたたない7月11日に施行された。この拙速な審議過程のど真ん中を射抜き、監視の合法化を阻止するはずの事実が、スノーデン・ファイルだった。なぜ、スノーデンの警告は無視されたのか。出来事の深刻さを理解するにはまず、共謀罪の問題点から話を始めなくてはならない。

コミュニケーションを犯罪化する

なぜ共謀罪が、国家による個人の監視に大きく道を開くと言えるのか。それは共謀罪が、日本の戦後刑法の原則を覆す構造を持っているからだ。

覆された戦後の刑法の原則とは何か。それはひとことで言えば、実行行為なければ犯罪なし。

つまり、誰かが法律に違反する行為を実際に行わなければ、「犯罪」と呼ばれる事実は存在せず、犯罪者として国に処罰されることもない。だが共謀罪は、法律に違反する行為について誰かが誰かと話し、「合意」があったとみなされただけで犯罪が成立する。つまり犯罪に当たる行為を実行せず、話し合っただけで処罰される法律なのだ。

法案審議中によくメディアで想定された例は、会社員が職場の飲み会で上司への仕返しを口にしたり、労働組合員が会社幹部への対抗措置を相談したり、工場やマンションや原発や米軍基地などの建設に地域住民が反対して座り込みやデモを計画したりすることなどだった。二人以上の人がコミュニケーションしたこと自体が犯罪にされてしまうので、犯罪成立の時間軸が大幅に前倒しされ、捜査の対象範囲も大幅に広がる。現住建造物等浸害や危険往来、組織的な恐喝など、共謀罪は277項目もの犯罪について事前の処罰を可能にした。共謀罪は、犯罪の危険性が実際になくても、警察が人々の動向に介入し、監視する道を開いたのだ。

現代のコミュニケーションは対面だけではない。携帯電話で話すことも、パソコンからメールを送ることも、フェイスブックやラインでやりとりすることも、インスタグラムに書き込むことも、すべてが共謀罪捜査の対象になる。よくフェイスブックが宣伝しているように、デジタル機器を通じたコミュニケーションは、本人が忘れてもほぼ永遠にデータベースに残る。警察は後から会話を取り出すこともでき、文脈から切り離して解釈したり、会話を書き換えたりすることもありえる。警察による証拠のでっち上げはこれまでもあったが、デジタル・データの加工のしやすさは新たな危険性をはらんでいる。

つまり共謀罪は、デジタル回線に乗って限りなく広がっていく私たちの多様なコミュニケーションのすべてを、潜在的な犯罪の温床とみなし、処罰の対象へと転換した。これまでなら、どんな内容であろうと会話自体が犯罪とされることはなかった。共謀罪は会話自体を犯罪化するから、警察は会話を直接、捜査対象にできる。犯罪と関係があるかどうかは、会話を聞かなければわからない。だから共謀罪は、監視・盗聴と切っても切れない関係にある。共謀罪はこうして、戦後の刑法の大転換をやってのけた。これまで違法だった国家による盗聴・監視の理由を合法化したのだ。

共謀罪法案はそれまでに三度国会に提出されたが、実行行為なければ犯罪なしという刑法の大原則に反するだけでなく、人々の私生活に国が直接入り込むという侵害度の高さから、毎回廃案になってきた。だから古い酒にできる限り新しいラベルを貼って売り出そうと、安倍政権が考え出したのが「テロ等準備罪」という名称だった。刑法の原則を覆す内実が注目されないようにするためにか、独立した法案ではなく、組織犯罪処罰法の改定案として国会に提出した。一方で、立法根拠としてオリンピック対策、テロ対策、国際社会の要請を押し出した。

安倍首相は２０１７年１月23日の衆議院本会議で、共謀罪について「東京オリンピック・パラリンピックを開催するためには、テロを含む組織犯罪を未然に防止し、これと闘うための国際協力を可能にするこの条約を締結することは必要不可欠であります」と答弁した。「この条約」とは、２０００年に国連で採択された越境的組織犯罪防止条約を指すが、この条約はテロ対策を想定したものでなく、実際に条約の作成過程でテロ対策を切り離すことが決められていた（平岡秀夫「共謀罪はテロ対策やＴＯＣ条約批准に必要だったのか」小池振一郎・米倉洋子・山田大輔編『共謀罪コンメンタール』現代人文社・所収）。その事実は過去の国会審議でも明らかにされ、共謀罪は「テロ対策ではない」と確認されてきたのに、安倍政権は「テロ対策」をひたすら連呼した（村井敏邦、田島泰彦「共謀罪はなぜ問題なのか」田島泰彦編著『物言えぬ恐怖の時代がやってくる』花伝社・所収）。

続く国会審議では、金田勝年法相が「一般人には関係がない」という答弁を繰り返し、人々に警戒心を持たないよう、関心を持たないように強調した。実際には、あなたの通話内容も私のメールも、それ自体が犯罪と扱われるかもしれないのだから、法相の言う「イッパンジン」こそ関係おおありなのだ。重要法案であるにもかかわらず、審議は衆議院で30時間25分、参議院ではわずか17時間50分で打ち切られ、参院法務委員会の採決を省略する「中間報告」という異常な手法で本会議に持ち込まれた。与党は徹夜で抵抗する野党を押し切って、6月15日に採決を強行した。

監視の被害者としての日本

論点を回避し続ける国会審議の虚妄をつくように、米調査報道メディア「インターセプト」は２０１７年4月24日、日本と米国が長年、日本国内で協力して監視活動をしてきたことを記した米極秘文書を公開した。これこそ米国防長官直属の国家安全保障局（ＮＳＡ）元契約職員だったエドワード・スノーデン氏が13年6月、グレン・グリーンウォルド氏らに託したＮＳＡ機密文書の一部で、日本ではNHKが同時に発表した。

だが信じがたいことに、NHKはスノーデン日本関連文書を巡って、共謀罪という焦眉の問題に一言も言及しなかった。この特ダネを通常のニュース枠に加え、午後10時からの看板番組「クローズアップ現代+」で4月24日、同27日の2回にわたって報じたにもかかわらず。では、番組はいったい何を語ったのか。

「クロ現」第1回は「アメリカに監視される日本〜スノーデン〝未公開ファイル〟の衝撃」と題し、主に「NSA監視の被害者」としての日本の事例に焦点を当てた。まず、米国に利用される日本の諜報機関の姿を例示。1983年に大韓航空007便が日本近海のソ連（当時）領空内で撃墜された事件で、自衛隊の諜報機関「G2ANNEX」がソ連の撃墜命令を傍受していた。その録音を紆余曲折の末、米側に提供したが、米国連大使が国連安保理で再生したため、自衛隊が隠しておきたかった傍受能力が国際的に露呈してしまったという。その後しばらくソ連の通信傍受が困難となり、米国との諜報協力が冷え込んだ、という経緯を振り返った2006年の文書を取り上げた。

次いで、07年にアラスカで開かれた国際捕鯨委員会でNSAが日本交渉団を盗聴していたケースを紹介。NSAが「ファイブ・アイズ」または第二パーティと呼ぶ英語圏の同盟国（米国、英国、カナダ、オーストラリア、ニュージーランド）のうち、米国、ニュージーランド、オーストラリアの関係者に盗聴情報を「特別配達」し、日本の捕鯨要求を阻止した。NSAが自らの鮮やかなサクセスストーリーとして監視の実態を記録した文書を取り上げ、「監視される日本」を描写した。

米国に利用される日本、監視される日本。もちろん、これは紛れもない真実であり、監視を巡る日米関係の重要な一面だ。しかし、そこからは共謀罪で問題となる監視の実行者、監視の加害者としての日本政府の姿は見えてこない。これは後述するように、第2回に遠慮がちに持ち越された。

だが私には、被害者としての日本の実態すらも、番組が正面から訴えようとしているのか疑問が残った。というのも、スタジオに迎えられたゲストはジャーナリストの池上彰氏。画面の紹介文には「スノーデンやNSAに関する著述があり日米の情報機関に詳しい」とある。私は数少ない先輩しかいない監視の分野を取材・研究して20年になるが、池上氏と面識はない。そうか、最近はこんな著名人までスノーデンに言及するようになったのかと感慨を持って見ていると、池上氏はこのニュースはスクープであると強調した後、NSA監視の被害者としての日本について「アメリカは同盟国だと信頼感を持っていたら、裏切られた思いですよね」と発言した。だが、怒っている様子はない。むしろ、米政府に抗議しようにも、圧倒的な情報量を誇る米国から時に情報提供を受ける日本政府には引け目があるので抗議がしにくい、と政府の心情を代弁してみせ、「だからこそ、日本は独自に、きちっとした情報収集のシステムをやっぱり作っていく必要があると思うんですね」と続けた。そして制限は必要としつつも、「日本というのはやっぱり専守防衛できたわけですね。そのためにも、言ってみれば力の弱いウサギが、長い耳を持って危険を察知するように、日本としても、そういう長い耳を持ったウサギになる必要があると思うんですね」という彼のコメントで、第1回は締めくくられた。

メモを取りながら画面を注視していた私は考え込んだ。池上氏の言葉の意味がわからなかったのだ（わかりやすい解説者として評判の人なのに）。池上氏はテレビの視聴者が信頼して話を聞くような存在の人だろう。彼の締めのコメントを聞いて視聴者は「そうだ、そうだ」と感じるように番組は構成されているはずだ。しかも、NHKはこれがスクープだと繰り返し強調し、米国の世界監視が問題だから放送しているわけで、まさか監視を正当化するはずがない。が、元NHK記者の発言は国家による監視活動がいけないと言っているようには聞こえなかった……。

私はもやもや感を引きずり、後日「クロ現」ウェブサイトに掲載された池上氏のコメント全体を改めて読み、初めて真意が理解できた。ウサギのおとなしくかわいいイメージとは裏腹に、日米の諜報機関に詳しいとされるコメンテーターは、日本も米国に伍するような諜報システムを持つ必要がある、と語っていたのだ。

「ウサギの耳」「専守防衛」？

「ウサギの耳」という比喩に私はこれまで馴染んでこなかったが、日本の再軍備を正当化するときの決まり文句「専守防衛」とセットで使われてきた、と年配の知人たちから教わった。「専守防衛」は歴史的に、憲法で戦力の放棄をうたう日本を再武装したい人たちが突破口として盛んに使ってきた造語だ。自衛隊がイラクにも南スーダンにも行く時代に「専守防衛」といえば平和憲法を支持しているように聞こえるかもしれないが、違う。「専守防衛」を隠れ蓑にしてこそ、日本の軍備は攻撃能力を発展させてきたのである。米国から大量のステルス戦闘機や欠陥輸送機オスプレイ、陸上イージスを買い込む19年度防衛費は、過去最大の5兆2574億円。無垢なウサギとは似ても似つかない攻撃力だ。池上氏はこうした現状を「専守防衛」という言葉で覆い隠しながら、日本でもスパイ活動を公に推進する必要がある、と穏やかに言ってのけたのだった。

テレビをよく見ている人にとっては、池上氏は常日頃からの保守的な持論を言ったまでで、何も驚くことはないのかもしれない。しかし、彼の発言の意味を解するまでに私がひどく時間を要したのは、単に私の日本語力に焼きが回ったせいだけではない。スクープの趣旨、スノーデン・ファイルが告発する内容と、氏のまとめがあまりにかけ離れていたからだ。国家による監視を正当化してしまっては、すっぱ抜いた機密文書の価値はない。米国に監視されてきた日本を「被害者」とは位置づけられない。番組が、被害者としての日本を真剣に取り上げたのかすら疑問なのは、池上氏の発言に現れた、この根本的な矛盾のせいだ。

いわんや、スノーデン氏が身の危険をおかしてＮＳＡ機密文書を公にしたのは、「日本も米国に負けないように諜報機関を発達させてください」と警告したかったからではない。その真逆である。国家による監視活動が日本の私たちが知らないうちに知らないところで拡大していて、私たちの身に危険が迫っているからこそ、インターセプトを通じて文書をＮＨＫに提供したのではないか。けっして、日本政府にもっと監視活動に励むよう呼びかけたかったからではない。

「クロ現」第1回はこうして、ＮＳＡ監視の被害者としての日本に焦点を当てながら、スクープの意義を減殺し、歪曲する構成を施した。これがわかりにくいのは、スクープの連呼と視聴者を煙に巻くまとめ方のせいだ。未公開ファイルの「衝撃」を盛り上げるだけ盛り上げておいて、「仕方がない」と諦めているのか、積極的な諜報をすすめているのか、一度見ただけではよくわからない結末。ソフトであいまいなアプローチはテレビで受け入れられやすいのかもしれないが、明示されていないからこそ毒性が高い。これについては後で論じる。

そして「クロ現」第2回はいよいよ、共謀罪に直結する日本政府の監視活動への関与に入っていく。

「エックスキースコアの提供は確認できませんでした」

第2回「プライバシーか?セキュリティーか?〜スノーデン〝日本ファイル〟の衝撃」は、NSAが日本の対応組織、防衛省情報本部電波部に監視システムを提供したことを記す文書に焦点を当てた。その監視システムは、悪名高い「エックスキースコア」。スノーデンがNSAの情報分析官としてほぼ毎日使っていたという装置だ。フェイスブックなどネット上の情報はもちろん、メールなどの私信や非公開の個人情報も網羅し、検索できるデータとして取り込んでいる。

17年1月に日本でも公開されたオリバー・ストーン監督映画『スノーデン』が、このエックスキースコアをうまく描写している。諜報員がスノーデンの目の前で、時の米ブッシュ政権に批判的なコミュニケーションをしている人をいとも簡単に洗い出してみせる。番組もこの映像を借用して、NSAシステムがいかに「普通の人々」を監視の網のなかに入れていくかを説明する。映画のなかで分析官スノーデンは、一人の人物を調べるため、その人物が電話した相手40人もエックスキースコアで監視するよう指示される。さらにその通話相手40人にも監視網を広げていくと、4人先には総勢250万人になっていることに気づき、こうつぶやく。「そしてその規模に気づき、愕然とする瞬間が来る。NSAは世界中の携帯電話を監視しています。誰もがデータベースのなかにいて、日々監視される可能性がある。テロリストや国や企業だけじゃない、あなたもです」

その巨大で違法な監視能力を持ったエックスキースコアを、日本政府がすでに手にしていたことを機密文書は記していた。日付は13年4月8日。「以前に提供したシステム」の一つとして挙げられ、それ以前から使用されていることを暗示する。

自衛隊であれ警察であれエックスキースコアを使えば、日本の通信の安全はないも同然である。人々のコミュニケーションに入り込み、権力が好まない人々をリストアップできるエックスキースコアの危険性は、まさに共謀罪の危険性と重なる。このような大量監視は憲法に定められた通信の秘密に真っ向から反するし、その違法行為を共謀罪によって合法化するなど、もっての外である。にもかかわらず、番組は共謀罪にひとことも触れないまま、オリバー・ストーン監督映画の映像を随所に取り込みながらスノーデン氏の紹介へと進み、やがてロシア亡命中の彼にインタビューする映像が流れた。

日本のメディアで、スノーデン氏に直接面会できたのはNHKが初めてのはずだ。が、残念なことに、彼の言葉が流れたのは計3分にも満たなかった。続いて、スノーデン以前にNSAの違法監視を内部告発し、米政府から報復されたNSA元幹部トーマス・ドレイク氏やウィリアム・

ビニー氏の短い取材映像が流れた。だが、どれもほんの一瞬、ほんの一言だけだった。ロシアで、米国で、内部告発者からの一次情報を取得しているのに、なぜこんな「チラ見せ」程度なのか。スノーデン、ドレイク、ビニーの各氏がもっと多くを語ったことは間違いない。

実態を知る告発者たちに代わって、番組が時間を割いたのは日本の専門家とスタジオのゲスト。宮下紘・中央大学准教授が「このような仕組み（エックスキースコア）はアメリカ国内でも批判があるが、プライバシー権の侵害であって、通信の秘密の侵害である。当然、日本でも同じようなことが行われるとすれば、憲法が保障する通信の秘密やプライバシー権の侵害となりえる。私たちの日常生活に関わる問題である。私たちの問題として、日本国民の問題として、日本の国会においても民主的な議論が必要である」と語るVTRが流れた。その通りだと思う。しかし、日本国憲法を読めばわかること以上の指摘が、この識者談話には含まれていない。もっとプライバシー権、市民権を巡る議論の国際的水準を示す発言はなかったのだろうか。

片や、スタジオのゲストは土屋大洋・慶應義塾大学大学院教授。各国の情報機関について詳しいと紹介された土屋氏は、日本はデジタル化された情報を収集するのが弱いので、「逆に私自身は、オリンピックもきますし、あるいは、いろんなイベントがある時には、これを守っていけるのかということは不安だったわけですね。しかし今回の、この明らかになった13本の文書を読んでみると、逆に日米は非常に緊密に協力していて、日米同盟というのが、むしろうまくいっている証拠だというふうにも受け止められるんじゃないかというふうに思いました」と発言した。

外国の諜報機関が日本政府に違法監視装置を提供していたと判明したときに、それはよかったと反応する稀有な研究者を、ＮＨＫはよくわざわざ捜してきたものである。これは皮肉ではない。大量監視の必要性について聞かれた土屋氏は続けて、「目も見えない、耳も聞こえないという状況で、この国際政治の中で日本が生きていけるかという問題を考えた時には当然必要で、やっていかなきゃいけない、そういう活動だというふうに思っています」ときっぱり答えた。国家が個人の通信に介入しないことを「目も見えない、耳も聞こえない」状況と呼ぶのには、比喩に飛躍があり過ぎてついていけないが、「ウサギの耳」よりはわかりやすい。少なくとも表向きは監視社会化を否定する日本政府以上の、監視積極論者である。番組は明らかに宮下氏以上に、土屋氏の弁に長々と時間を割いた。

もちろん番組が、ＮＳＡ監視システムをまったく批判的に伝えなかったわけではない。武田真一キャスターと池上氏とのやりとりで、大量監視が言論への萎縮効果を及ぼすことは指摘されていた。しかし、池上氏のように衣に包んでいるにせよ、土屋氏のように衣をまとわないにせよ、繰り返し番組内に持ち込まれる「監視は必要」という通奏低音が、スノーデン・ファイルの重大な問題提起をその場でかき消してしまうのだ。

挙句に番組は、「今回、実際にエックスキースコアが提供されたかどうかは確認できませんでした」と結論づけた。提供先として文書に記された防衛省が「いかなる性格の文書であるか承知していないため、コメントは差し控えます」と答えたことが、その理由のようだ。もちろん防衛省は文書を見れば、いかなる性格の文書であるかは正確に承知できるはずで、コメントを差し控えるどころか、答える責任がある。こんな慇懃無礼で紋切り型の取材拒否は、諜報機関が民主主義に反して秘密の力を保持したいということの証しではあっても、NSA内部文書への反証にはならない。米権力中枢で作成された機密文書以上の証拠が、いったいどこにあるだろう。でなければ、この特ダネ番組はそもそも成立しないはずだ。

あっけにとられて見ていると、番組は「このスノーデン・ファイルに記されたことが、一体何を意味するのか。そして背景に何があるのか。引き続き取材を続けていきたいと思います」という、まるで振り出しに戻ったような武田キャスターの言葉で終わってしまった。これまで計50分の放送で、それを伝えるはずだったのではないのか？

ミスリーディングの害毒

誤解のないように記しておきたいが、私はこの番組のつくり方の上手下手を論じているのではない。番組に登場した専門家たちの意見が私と異なるので単に腹を立てているわけでもない。そうではなくて、スクープと銘打たれた番組がその核心部を伝えなかったという事態の複雑さを考え、注意を喚起しようとしているのだ。

番組を見直して考えるにつれ、最初あいまいだった番組の印象は、不自然な情報操作への確信に変わっていった。公開されたファイルの全体像ではなく、比較的当たり障りのない順に取捨選択して、ごく一部を報じる手法。「日本は専守防衛の国」という、ファイル内容とは無関係の、特定のイデオロギーを繰り返し挿入し、「諜報は必要悪」という落としどころへ視聴者を誘導する脚本。このイデオロギーは極めてさりげないかたちでお茶の間の人気者の口を通して伝えられるから、視聴者が意識することはほとんどないだろう。平和憲法に沿うようでいて、実際には自衛隊を戦力として容認する考え方が「常識」のように注入される（安倍首相が提唱する「9条加憲」ともぴったり整合する）。その結果、「諜報は必要悪」という監視の受容が番組の基調となり、日米間で起きている監視活動はスパイ・ゲームの範疇でしか理解されなくなる。日本も負けてばかりでは悔しいからもっと頑張ろう、という筋書きに導かれるのだ。監視の阻止、監視の否定という視点はきれいに切除され、番組の外に放逐される。

しかし、この誘導にはいくら何でも無理がある。スノーデン氏が明らかにした世界監視網の実態は、スパイ映画に出てくるようなヒーロー同士の化かし合いではない。これは地球上に存在するすべての人々を例外なく、網羅しようとする原理を持った監視システムなのだ。番組もその点を完全には無視できず、言論の自由やプライバシー、市民社会への萎縮効果に言及した。だから一見、監視システムを批判的に報道しているようにも見えたし、諸手を挙げて監視を推進しているようには見えなかった。しかし、そこが落とし穴でもある。「日本は専守防衛」で「長いウサギの耳が必要」なら結局、基本的人権の侵害は副作用としてしか扱われず、主たる問題にはなり得ないのだから。

このアンフェアな仕掛けは、番組第2回の「プライバシーか？セキュリティーか？」というタイトルにも、実は現れていた。ゲストの土屋氏は、池上氏より単純明解に軍事諜報を「当然必要」と言い、イギリスを例に挙げて「国内でテロが頻発してきた国においては、やっぱりセキュリティーというのは、どうしても、そっちの方が重要だと。死んでしまっては意味がないという議論もあるわけですね」と発言した。生死の前にはプライバシーなどものの数ではない、という二者択一の論法である。しかし、イギリスが本当にプライバシーよりセキュリティーを重視する国なのか、人々が「死んでしまう」事態がセキュリティーによって回避されているのかは、説明されなかった。イギリス人が聞いたら、きっと眉をひそめる人もいるだろう。それどころかイギリスでもアメリカでも、セキュリティーとプライバシーをバーターで扱う考え方には、多くの異論が上がっている。この二分法には、セキュリティーに軍配を上げる予見がほとんどの場合、組み込まれているからだ。

大量無差別監視の問題を取り上げながら、結局は監視の受容へと視聴者を導く操作が可能だったのは、ほかでもない、スノーデン・ファイルの内容をNHKが十分に伝えなかったからだ。NSA機密文書に明確に記載されていたにもかかわらず、存在は不明と片付けられてしまったエックスキースコアが、それを象徴している。スクープの根拠だったファイルに書かれていた事実が、それとは正反対の結論に向けて歪められてしまった。極端に狭められた視点の犠牲になったのだ。エックスキースコアだけではない。日本政府の米国監視施設への巨額の支出も、「専守防衛」から大きくはみ出た対テロ戦争への参加も、悪意に満ちた残酷なスパイ・ウェアの存在も、踏み込んで報じられることはなかった。ファイルに書かれていたことがすべてスタジオで開陳されていたならば、コメンテーターたちは「ウサギの耳」や「目も見えない、耳も聞こえない」といった場違いな比喩を持ち出して、監視の実行者たちを擁護することはできなかっただろう。

報道のミスリーディングは、政府の直接的な介入以上に問題の所在をわかりにくくし、毒性が拡散しやすい。読者・視聴者は操作された情報を無意識に吸い込み、感覚的に慣らされてしまう。政府の違法監視を暴くスクープと思って見ていたら、逆に監視は必要だと説得されるとは——。NHKが生の素材を率直に報道せず、正反対の結論へと導こうとした理由は何なのか。

感度が鈍いだけなのか?

それでも読者のなかには、NHKはよくやった、まがいなりにもスノーデン・ファイルを取り上げたのだから、取り上げ方まで批判するのは酷だ、と思う人もいるかもしれない。確かに番組制作者には様々な考え方の人がいるだろうし、各人によって監視問題の理解度の違いもあるだろう。しかし、「クロ現」が最後まで共謀罪を無視し続けたことは、報道番組としてあり得ない不自然さだった。番組が、国家監視による社会の萎縮を指摘しながら、まさに同じ懸念が国会の重要法案を巡って焦点化されているときに、これに触れないのは単なるミスや見落としではない。

私はテレビ番組の制作過程には不案内だが、報道の現場を同じくしていた経験から言えば、ニュースの送り手はしつこいまでに「なぜいま、これを報じるのか」という理由を、まず社内で求められる。大量監視は民主主義の根幹に関わる問題だから、いつ報じてもいいはずだが、抽象的なままでは「ニュース」としては扱われない。新聞の場合、紙面は限られているし、記事に優先順位をつけることは避けて通れない。なぜいまこれを報じるのか、読者の生活にどう関わるのか、という根拠を何度でも求められる。例えば、私が朝日新聞の記者だった頃に書いた地方自治体による個人情報保護条例についての記事は、盗聴法案と住民基本台帳ネットワークを新設する改定住民基本台帳法案が国会で強行採決された後だったから、掲載された。市民監視が夢物語でなく、現実に制度化されつつあるからこそ、記事としての優先順位が高いことが周囲に理解されたのだ。そういう意味で、ニュースは「現場」から生まれるし、「現場」を探し出すことが記者の仕事でもある。どうやって現場と読者の生活を結びつけるかを、過剰なまでに要求されるのがニュースづくりだといえる。

共謀罪を審議していた国会は国権の最高機関であり、そこで成立する法律は私たちの未来に直結する。だからこそ、記者がひしめいている場所でもある。「クロ現」制作者が、とりわけ感度が鈍くて何が起きているか気づかなかったということはあり得ない。国会で審議している内容を報道することは、なんの遠慮もいらないどころか、最大の使命なのだ。まして鋭い与野党対立と世論の反対を呼んでいた共謀罪について、いくら不勉強や不注意であったとしても、審議を聞いているだけで国家による市民への監視が焦点になっていることはわかる（それに当時、金田法相の答弁能力への疑問はすでに法案以上に関心を集めていた）。つまり、目の前で起きていることをあえて関連づけないという、通常の作業とは真逆のベクトルを働かせない限り、報道機関がスノーデン・ファイルのスクープと共謀罪を切り離すことはできないはずだ。

しかし一方で私は、「クロ現」の歪んだスノーデン報道を、世界報道の自由度ランキング72位の不名誉な例として、ただ斬って捨てることには逡巡した。ニュースは人がつくり出すものである以上、これだけ不自然なつくり方をするのに制作現場で軋轢が起きないはずがない。私自身もいくつもの軋轢、憤怒、焦燥とストレスを新聞社で経験した。記事をチェックする編集者（デスク）たちを説得するのが最初の関門。デスクたちは現場には行かず、文字どおり日々のデスクワークに追われているから、変化し続ける社会についてよく勉強しているとは言い難い。反対に、同業他社のチェックに余念がなく、その影響を受け過ぎて頭が凝り固まっている場合もある。これまで報道されていないことこそが「ニュース」のはずだが、どこかで見たようなわかりやすい内容の方が記事として通りがよく、斬新な切り口の方が関門を突破するのに難航する。記者と編集体制の間にはせめぎ合いがあり、デスク以外の上司たちを説得しなくてはならないこともある。記者が組織内部の権力関係に直面するとき、論理的に話し合いが終わることは稀で、私の場合、有事法制や死刑囚について書いたときは、上司がキレて怒鳴る幕切れだった。

ニュースの背後には、そういう個々のドラマがあり得るから、私はNHKの歪みも「どうせ日本のメディアはこの程度」と十把一からげにはできなかった。そこで、番組が共謀罪に触れなかった不自然さを最初に指摘した17年8月13日付の『サンデー毎日』連載記事をこう結んだ。「けれど一方で私は、『クロ現』制作者たちの勇気ある続報を待っている」。NHK内部で、もしかしたら報道の方針についてせめぎ合いがあるかもしれない、と想像したからだ。

「ETV2001」改ざんという前史

いるかいないか分からない誰かへの半ば激励を含んだ呼びかけは、単に私の職業経験だけから発したわけではない。番組の焦点のぼけ方と、自己矛盾的な終わり方に、ある既視感を覚えてもいた。日本軍「慰安婦」制度の加害者責任を問い、2000年に東京で開催された民衆法廷「女性国際戦犯法廷」を報じたＮＨＫ教育テレビＥＴＶ２００１シリーズ「戦争をどう裁くか」（全4回）の改ざん事件である。私はこの女性国際戦犯法廷を取材し、日本が戦時中に占領したアジア各国から来日した元「慰安婦」女性たちの証言に強い衝撃を受け、新聞記事を書いていた。改ざんが疑われた第2夜「問われる戦時性暴力」は、スノーデン・ファイルと同じように、女性法廷の核心的部分があえて外され、何が言いたいのかよくわからない全体の印象の中に「慰安婦」制度を正当化する言説がちりばめられていた。しかも、通常の放送枠44分のうち4分も短縮された番組は、放送直前にあわてて内容の一部が削除されたことを暗示していた。

「慰安婦」問題について被害者の立場から発言すること自体が穏当でないかのように扱われる昨今の言論状況から考えて、この「忖度」するメディアの前史がよく記憶されているようには思えない。女性法廷の世界史的な意義を含めて、きちんと振り返っておきたい。当時のＮＨＫの異変が、16年後のメディアと政治に何をもたらしたのかが見えてくるはずだ。

いま、世界中で戦争と内戦と国家による超法規的暴力（暗殺や誘拐、強制失踪）が吹き荒れ、戦場で女性に対する性暴力が集団的に発生し、その被害に対して正義を求める声が高まっていることを考えると、２０００年の女性国際戦犯法廷の先進性に感じ入らずにはおれない。女性法廷は、占領地で監禁された女性たちを日本軍兵士たちが繰り返し強姦することを許した「慰安婦」制度について、最高指揮官としての昭和天皇を含む軍・政治指導者たちにいかに責任があるかを検証し、戦争犯罪として有罪判決を下した。２０１８年にノーベル平和賞を受けたイラクの性暴力被害者ナディア・ムラドさんとコンゴの婦人科医師デニ・ムクウェゲさんが授賞式で異口同音に訴えたのは、まさに加害者に対する裁きだった。二人はそれぞれ、集団虐殺の「武器」として使われる女性に対する性暴力の悲惨な現状と阻止を訴え、被害者を助けてきた。二人の言葉は、「慰安婦」問題の「解決」に何が必要か、にもそのまま当てはまる。

ムラドさんはイラクで武装勢力「イスラム国」（ＩＳ）が弾圧するヤジディ教徒で、ＩＳに捕らえられて性奴隷とされ、母と6人の兄弟、その子どもたちを虐殺された。ムラドさんはノーベル平和賞受賞スピーチで「ヤジディ教徒の家族が（私と）同様のストーリーを持っています」と語ったが、女性法廷でも、日本軍の手による酷似したストーリーを、中国やフィリピン、東ティモールの女性たちが語った。時代と場所の違いを超えて、戦場で女性への性暴力は構造的に繰り返されてきた。ムラドさんは、国際社会がヤジディ教徒の虐殺を止めることに失敗してきたことを指摘し、「虐殺へとつながる罪を犯した犯罪者は誰も裁かれていません。私はもう同情はいりません。それらの気持ちを行動に移してほしいのです」と、短いスピーチのなかで繰り返し正義の実現を求めた。「正義こそが、平和と、イラクの様々な構成要素の共存を実現するための唯一の方法です。もしも女性のレイプや監禁といった事件を繰り返したくないならば、女性や少女に対して性犯罪をした者たちの責任を問わねばなりません」（18年12月11日付朝日新聞「『暴力にノー、平和にイエス』ノーベル平和賞講演全文」）

英語で「正義」はJustice、司法の裁きと処罰も意味する。責任を明確にすることぬきに和解はありえない。女性法廷の主眼がそれだった。女性法廷は過去からと同時に、未来からの要請だったことに気づく。ムラドさんとムクウェゲさんの胸を揺さぶる受賞スピーチの全文は、ぜひ多くの人に読んでほしい。そこからは、性犯罪の責任者たちを棚上げにして、政府同士で何事かを「合意」（談合）したとしても、「慰安婦」問題がけっして清算されないことが読み取れる。

性暴力は、日本の戦争責任者たちを裁いた東京裁判でも、日本と交戦国との戦後の国交回復交渉でも追及されることはなかった。政治も司法もメディアも、圧倒的に男性が支配してきたことと無縁ではない。沈黙を強いられていた女性たちが声を上げ始めた１９９０年代以降、韓国、台湾、中国、フィリピンなどの被害者たちが日本政府に公式の賠償と謝罪を求めて日本の裁判所に訴えたが、ほとんどの裁判官は性奴隷被害を事実として認定しながら、時効や国家の責任を回避する古い法理論を採用して、日本政府を免罪した。正義を求める被害者たちの積もりに積もった怒りに応えるために、加害国日本の女性たちが中心になって結成した「戦争と女性への暴力」日本ネットワーク（バウネット・ジャパン）と韓国、フィリピン、中国、台湾、北朝鮮、インドネシアの被害者支援団体が女性法廷の国際実行委員会を結成。国際司法の専門家たちを招聘し、日本の「聖戦」の最暗部にメスを入れた。旧ユーゴやルワンダの国際戦犯法廷に続き、「性暴力の不処罰の循環を断つ」一歩が日本でも踏み出されたのだ。

核心部を避け、懐疑性を埋め込む

ＮＨＫのＥＴＶ２００１シリーズ第2夜は、この画期的な取り組みに焦点を当てながら、核心部を避けた。取材に協力したバウネットは、企画と大きく異なる番組内容に衝撃を受け、ＮＨＫ

に抗議すると同時に改変の経緯について調査を始める。01年7月、番組への政治圧力を否定するNHKの提訴に踏み切った際に、松井やより代表が出した声明には、こうある。

「放送された番組は『女性国際戦犯法廷の過程をつぶさに追い、半世紀前の戦時性暴力が世界の専門家によってどのように裁かれたのかを見届ける』という企画案とは似ても似つかぬ内容になっていました。『法廷』についての部分は異常に短く、『法廷』のフルネームも、『日本軍』や『性奴隷制』などのキーワードも、『法廷』会場内の光景も、主催団体も、主催者の発言も一切ないばかりか、『法廷』の『法廷』たるゆえんであり、シリーズ全体のテーマ『戦争をどう裁くか』の核心でもある判決についても、一言もふれなかったのです。そして、出演者たちの『法廷』を少しでも評価する発言は全部削られていました。被害者証言もあまりにも短く、加害兵士の証言は全面カットでした。その一方で司会者が『法廷』についてわざわざ懐疑的なコメントをし、さらに、右翼学者に『法廷』批判と『慰安婦』についての暴言（売春婦だとか、証言に裏づけがないとか）を延々としゃべらせたのです。」（松井やより「なぜNHKを提訴するのか」「戦争と女性への暴力」リサーチ・アクション・センターのウェブサイト）

女性国際戦犯法廷を取り上げながら、法廷の全体像を十分に説明せず、コメンテーターがむしろ法廷の価値を下げるような発言をする。もうわかるだろう。スノーデン・ファイルを報じた「クローズアップ現代＋」と手法が酷似していることを。ファイルに書いてあった事実全体を十分に説明せず、肝心のスノーデン氏本人や他の内部告発者のインタビューはごくわずか、スノーデン氏が機密文書を公開した意図とはおよそかけ離れた内容の発言（専守防衛とか、ウサギの耳とか）をコメンテーターが長々としゃべり、告発の価値を下げる——結果として、番組視聴後の要領を得ない、居心地の悪さもよく似ていた。

故・松井氏とＮＨＫの両方に公正を期して付け加えれば、番組が法廷への批判的な見方をはさむことは否定すべきでないし、松井氏もそれを認めている。しかし、松井氏自身のロング・インタビューは全面カットされ、法廷とは何の関係もない人物の私見が延々と披瀝されたとなれば、話は違ってくる。番組全体が慰安婦問題や加害者の責任という表題について十分な情報を提供しないままに、視聴者を初めから懐疑的な見方へ誘導していることになるからだ。視聴者は被害者の証言を通じて事実を知る以前に、偏見を植え付けられ、国際的な課題や広い視野から考えることを阻まれている。

なぜこのような、ミスリーディングが起きたのか。ＮＨＫは右翼団体から番組の放送を中止するよう圧力を受けていた。２００５年１月、朝日新聞は中川昭一、安倍晋三・両自民党国会議員が放送前日にＮＨＫの松尾武放送総局長と国会対策の野島直樹担当局長ら幹部と議員会館で面会し、「一方的な放送はするな」「それができないならやめてしまえ」などと発言して放送中止を求めていた、と報じた。その後、ＮＨＫの番組担当デスクだった長井暁氏、担当プロデューサーの永田浩三氏の内部告発によって、改ざん過程がさらに明らかになっていく。二人の証言によれば、松尾放送総局長は中川、安倍の両議員に「番組内容を変更するので、放送させてほしい」と述べ、野島担当局長と伊藤律子番組制作局長とともに放送前日夕に番組を試写。①法廷が日本軍による強姦や慰安婦制度が人道に対する罪を構成すると認定し、日本軍と昭和天皇に責任があるとした部分を全面的にカット、②スタジオで法廷を評価した米山リサ・カリフォルニア大学准教授（当時）の発言を短縮、③法廷に反対する秦郁彦・日本大学教授（同）のインタビューを大幅に追加、を命じた。そして放送当日、1分足りなくなった改変版に、松尾放送総局長はさらに3分のカットを指示した。最後に削られたのは、中国人被害者の紹介と証言、東ティモールの被害者の紹介と証言、日本軍加害兵士の証言という核心部だった。

これらの制作過程が次々と明らかになった結果、東京高裁は07年、バウネット勝訴を判決した。しかし最高裁は翌年、東京高裁判決を覆してNHKを勝たせた。横尾和子裁判長は、バウネットが主張する取材対象者の期待権を認めれば「取材活動の萎縮を招くことは避けられず、ひいては報道の自由の制約にもつながる」「放送番組編集への介入を許容するおそれがある」と言い渡した。番組編集に介入したのはバウネットではない、右翼議員たちである。法律論以前に、事実を倒錯させた判決だった。

介入した中川、安倍の両氏はこのとき、「日本の前途と歴史教育を考える若手議員の会」の代表と事務局長。同会は「慰安婦」問題を教科書の記述から消すために活動していて、「慰安婦」は本当に教科書から消されてしまった。中川氏はNHK幹部との面会をはっきりさせず、安倍氏は面会を認めていたが圧力はかけていないと主張。安倍氏が最高裁判決時に出した「最高裁判決においても朝日新聞の報道がねつ造であったことを再度確認することができました」というコメントは、この政治家の朝日新聞への異様な敵意と、事実を政治的に揺さぶる手法を、すでに示していた。

忖度の源には圧力

ＮＨＫのスノーデン・ファイルの核心を外した報道は、「慰安婦」女性の声を政治圧力によって削除したことの延長線上にあるように私には思える。そして16年前ほどにも、世の中は今回の歪みに気づいているようには見えない。

女性国際戦犯法廷の改ざん以降、これほど露骨なメディアへの政治介入事件は明らかになっていないが、朝日新聞が14年に過去の「慰安婦」報道について意味不明の「謝罪」をしたように、右派からの言論への攻撃の手は緩んでいない。それどころか、かつて若手議員でＮＨＫ攻撃の急先鋒だった安倍氏は首相の座に二度も就き、氏を頂点とする権力機構のなかで「忖度」が流行語になった。07年の東京高裁判決はその意味で、今日の政治文化を予見していた。松尾放送総局長らＮＨＫ幹部が安倍氏らの発言を必要以上に重く受け止め、「その意図を忖度してできるだけ当たり障りのないような番組にする」ために改編を繰り返した、と認定したのだ（傍点筆者）。

忖度が空気のように行き渡れば、もう軋轢は起きない。権力にとってこれほど好都合なことはない。上位の者が自ら手を下す必要はなく、下位の者がご機嫌とりにいそしんでくれる。しかしそれでも、圧力のない忖度などあり得るだろうか。忖度は下位の人間の奴隷根性に焦点を当てるが、上位の人間の責任を不問に付していないだろうか。忖度の根源には、圧力があるのだ。ＮＨＫ問題や朝日新聞問題と呼ばれるものの背景に、不都合な真実に対して圧力を強める政治の存在があることこそを、私たちは見落としてはならない。忖度と圧力は一対で、自ら膝を折るメディアをさかのぼっていけば、世論操作のために脅しとご褒美を使い分ける権力構造に行き当たる。

16年前の歪んだ報道が現在をどれだけ先取りし、どれだけ深刻に影響しているかを知るとき、最高裁判決のように正義の皮を被った不正義の司法の罪は果てしなく重い。裁判官たちはムラドさんとムクウェゲさんの発言を前に、不正義の連鎖に加担し、未来から審判を下されていることを自覚するべきだ。

同様に、スノーデン・ファイルを伝える現在の報道は、未来への責任を負っている。日本がこれから5年後、10年後、どれだけ監視社会化しているかは、報道の取り組み一つひとつにかかっていると言っても過言ではない。「クローズアップ現代＋」の制作過程で、実際に何があったのかを私は知らない。ＥＴＶ２００１の制作過程で生じた圧力が内部告発者ぬきには解明できなかったように、今回も制作現場の当事者だけが知っている。共謀罪審議中という緊迫したタイミングで、政府による市民監視を特報しようとした番組に政治的な圧力があったのか、ＮＨＫ幹部による検閲があったのか、制作者による自己規制（忖度）だったのか。いずれにせよ、伝えられるべき核心は伝えられなかった。

「クロ現」放送後、菅官房長官は記者会見で「ＮＳＡからシステムの提供を受けたのか」という質問を受け、「日米の間では平素からいろいろな意味の情報交換は行っているが、具体的な内容は相手国との関係もあるので、いちいち答えるべきではない」と答えた。防衛省同様、民主主義を標榜する政府としての説明責任など眼中になし。政府が人々を監視していることを事実上認めながら、秘密にとどめ、恐怖感を植えつけようとする高圧的な態度だった。

内部告発者を脅す政権

公共放送の放映内容に介入して最高裁からお墨付きを得た政治家が首班する内閣は、メディアへの圧力からさらに先へ進んで、ＮＳＡばりの世論操作にも手を染めている。それは奇しくも共謀罪法案の国会審議中に露呈した。

共謀罪と同時進行で、しかしそれよりずっと関心が集まっていた森友・加計問題。17年5月17日付朝日新聞は、安倍首相の友人、加計孝太郎氏が理事長を務める学校法人「加計学園」が国家戦略特区内で獣医学部を新設するために、内閣府が文部科学省に圧力をかけたことが記された内部文書を特報した。文書には、内閣府の首相側近たちが文科省の担当官らに獣医学部新設を認めるよう「官邸の最高レベルが言っている」「総理のご意向」などと迫った過程が書かれていた。菅官房長官は内部文書を「怪文書みたいな文書じゃないでしょうか」と無視しようとし、文科省は2日後に文書を捜したが「存在が確認できなかった」と口裏を合わせた。しかし、その後も次々と内閣府の圧力を知らせる文書が発覚し、ついに実名で語る証言者が登場した。前川喜平・前文科事務次官は同月25日、記者会見で文書の存在を認め、「公平公正であるべき行政のあり方が歪められた」と語った。

前川氏は記者会見前から、すでにメディアに証言を始めていた。会見3日前の5月22日、読売新聞は突如、社会面で「前川前次官　出会い系バー通い　文科省在職中、平日夜」という見出しの記事を掲載し、「不適切な行動に対し、批判が上がりそうだ」と書いた。これに応じるかたちで、菅官房長官は前川氏会見の翌日に「常識的に言って、教育行政の最高責任者がそうした店に出入りし、小遣いを渡すことは到底考えられない」と、前川氏の人格を疑問視した。文科省は結局6月15日、二度目の調査で「総理のご意向」文書などの多くが実在すると認めざるを得なくなったのだが……。

読売新聞はなぜ、前川氏の勤務時間後の私的な行動を報じたのか。これについて7月10日の衆院閉会中審査で、前川氏は「昨秋、杉田官房副長官から事実関係を聞かれ、注意を受けた」と述べている。杉田和博官房副長官は鳥取・神奈川両県警本部長、警視庁警備局長、内閣情報官、内閣危機管理監などを歴任し、第二次安倍政権が発足した2012年12月から官僚トップの現職にずっといる。同じく、警察の公安・警備畑出身の内閣情報調査室（内調）のトップ北村滋内閣情報官とともに、安倍氏や菅氏に重用されてきた。警察の公安・警備は事件捜査ではなく、情報収集を専門とし、集めた個人情報をもとに霞ヶ関でにらみを利かせてきたのだ。共謀罪の必要性を政権内で訴え続けた旗振り役も、杉田氏だったという（17年7月13日付朝日新聞）。

『日本の公安警察』（講談社現代新書）の著書があるジャーナリストの青木理氏は、日刊ゲンダイの取材にこう答えている。「警視庁公安部の捜査対象はテロ組織や過激派にとどまりません。平時から中央省庁幹部、次官・局長クラス、問題を起こしそうな官僚や重要案件の担当者の身辺情報を集めている。それに、内調は公安の〝官邸出先機関〟のようなもの。彼らから前川氏の出会い系バー通いの情報が上がっていても不思議ではありません」（2017年6月12日付）。つまり、杉田官房副長官は公安警察を通じて前川氏をスパイし、個人的な情報を入手したらしい、ということだ。

杉田氏が前川氏を注意したという2016年秋は、加計問題を巡って和泉洋人首相補佐官が首相官邸で前川氏と面会し、獣医学部新設について「総理は自分の口からは言えないから、私が代わって言う」とはたらきかけるなど、文科省への圧力が高まっていた時期だ。その時期に、官房副長官が文科事務次官の私的な行動を追跡し、弱みを握っていることを本人に知らせることが、どういう意味を持つか。オレの意向ひとつで世間にバラすぞ、という脅しである。読売新聞もこの官邸筋から情報を得て、わざわざ前川氏が証言を始めた時期に記事化したと考えるのが妥当だろう。脅しは現実のものに代わり、前川証言の信憑性を揺るがすための世論工作として使われたのだ。

人の身辺をかぎまわり、醜聞を洗い出して、脅しの材料にするやり口は、まさに諜報機関そのものだ。映画『スノーデン』にも、CIAが内通者を獲得するために、なんの罪もない銀行家の家族関係を洗い出し、弱みをつかみ、遂には罪に陥れる場面が登場する。これは愛国心に燃えていたスノーデンが、他人の人生を踏みにじって恥じないスパイ組織に失望していく過程でもあるが、個人情報を握って人を動かすのは古今東西、諜報機関の常套手段だ。前川氏は杉田氏の脅しに乗らなかったようだが、ゴシップは人の耳目を簡単に集め、少なくとも問題の内部文書の存在から公衆の意識をそらすのに役立った。米政府と米メディアは告発者スノーデンに対しても、「ただのハッカー」とか「目立ちたがり屋の若造」と言った人格攻撃を繰り返し、違法監視という国家の犯罪から注意をそらしてきた。

批判に向き合わず、批判者を攻撃し、批判の対象から他へ関心を誘導する。こうした情報操作に傾斜する政権は、まさに価値観もＮＳＡ化、闇の権力化しているといっていい。社会問題の原因にはたらきかけるのではなく、反対者を排除することを「解決」と呼ぶ。そのために、権力にとって反抗する可能性のある人間はもちろん、味方でも監視して、情報を掌握しておく。圧力から脅しへ、監視の政治的役割が広がっている。

国連特別報告者を貶める

政府は共謀罪法案を成立させるためにも、似たような個人攻撃を躊躇しなかった。共謀罪には国内だけでなく、国際社会からも批判の声が上がっていた。前述したように、安倍政権は共謀罪の必要性を国連の越境的組織犯罪防止条約のためと主張していたが、なんと当の国連から共謀罪法案が危険なまでにあいまいで政府の無制限な監視を許す可能性がある、と指摘されたのだ。国連のプライバシー権特別報告者ジョセフ・カナタチ氏が17年5月18日、安倍首相宛てに送った書簡である。

国連の特別報告者は人権理事会によって任命される。カナタチ氏はプライバシー権とデータ保護に関する法律を30年以上研究してきた専門家で、日本の動きも研究してきた。政府が共謀罪の成立を急いでいることを知って、「法律の広範な適用範囲によって、プライバシーに関する権利と表現の自由への過度の制限につながる可能性がある」と緊急書簡をしたためた。政府が「テロ対策」といいながらテロと無関係な２７７項目もの犯罪に適用しようとしていること、「テロ集団を含む組織的犯罪集団」の範囲があいまいで限定されていないこと、犯罪の「計画」と「準備行為」を捜査によって立証しようとすれば必然的に監視が前倒しされることなどを挙げ、この法律が「例えば国益に反する活動を行っていると考えられるNGOに対する監視などを正当化する口実を作り出す可能性がある」と恣意的な適用に警鐘を鳴らした。さらに、こうした新たな監視を呼び込む法案が、プライバシーと表現の自由を侵害する懸念に応えるための方策を何ら含んでいないことを特に重く見て、プライバシー保護のための新法の導入や、監視に対する事前の令状主義の強化、監視活動を事前に審査する独立した第三者機関の設置、また捜査機関や諜報機関による監視活動の適法性を検証するプロセスの必要性などを指摘した。書簡は、個人情報保護の国際的な水準を示すとともに、プライバシー対策を具体的に示した点で、日本政府にとって親切な提案ともいえた。

だが、政府は烈火のごとき怒りを国連特別報告者に向けた。カナタチ氏が回答を求めた法案内容や事実関係には答えず、即日、ジュネーブの国連人権高等弁務官に抗議文を送りつけた。「国際社会の要請」という立法根拠が成り立たなくなることによほど焦ったのか、「我が国としては、貴特別報告者が国連の立場からこのような懸念を表明することは差し控えて頂きたかった」と公開書簡の発信自体を非難した。そして慎重に議論するどころか翌19日、衆院法務委員会で共謀罪法案の採決を強行し、自民・公明・日本維新の会の賛成多数で可決してしまったのだ。

菅官房長官は5月22日の記者会見で、カナタチ氏について「特別報告者という立場は独立した個人の資格で人権状況の調査報告を行う立場であり、国連の立場を反映するものではない」と説明し、特別報告者の役割を矮小化しようとした。前川氏と攻撃材料は違っても、本題には答えず、発言者の信用性を貶めるやり口は同じだ。

長期政権化とともに進行しているのは、気に食わない現実には向き合わない首相や閣僚たちの姿勢が、官僚を含めた政府組織全体に蔓延していることだ。政府の抗議文は、共謀罪法案が三度廃案になってきたことを「国民の内心を処罰することに繋がるのではないかといった懸念が示され、10年以上の長きにわたり議論が行われてきた背景がある」とすり替え、「今回、我が国が整備しようとしている『テロ等準備罪』の法案はそのような国民の意見を十分に踏まえて策定されたものである」と、問題点が克服されたかのようにうそぶく。さらに、特別報告者は海外で断片的にしか情報を得ていないと決めつけて「まずは、現在我が国で行われている議論の内容について、公開書簡ではなく、直接説明する機会を得られて然るべきであり、貴特別報告者が我が国の説明も聞かずに一方的に公開書簡を発出したことに、我が国として強く抗議する」と結ぶ。この手紙からは、国際的に評価されている学識者への敬意は微塵も感じられず、「口を出すな！」と言う怒声しか聞こえてこない。

しかし国内でスパイ組織ばりのにらみを効かすことができても、国際社会では通用しない。逆ギレを見抜かれ、冷静に突き返されるだけである。カナタチ氏は22日、日本政府の返信に対し、「私が日本政府から受け取った『強い抗議』は、ただ怒りの言葉が並べられているだけで、全く中身のあるものではありませんでした。その抗議は、私の書簡の実質的内容について、一つの点においても反論するものではありませんでした」とコメントした。政府の無内容で感情的な反応に、プライバシーの専門家はむしろ確信を深めたようだ。「日本政府がこのような手段で行動し、これだけ拙速に深刻な欠陥のある法律を押し通すことを正当化することは絶対にできません」と最初の書簡以上に共謀罪への反対を明確に表明。さらに、政府がオリンピックを口実にしている状況に踏み込んで、「このことは、プライバシーの権利に対する十分な保護措置のない法律を成立させようとしていることを何ら正当化するものでありません」と一蹴した（一連の経緯については以下が詳しい。藤田早苗「『批判もする友人』としての国連特別報告者と日本政府」アジア・太平洋人権情報センター発行『国際人権ひろば』№１３５所収、OurPlanet-TV「国連特別報告者の書簡に関する記者会見」http://ourplanet-tv.org/?q=node/2129)。

否定は「解決」にならない

外務省は共謀罪が施行されて１カ月以上経った8月21日、カナタチ公開書簡への回答を遅まきながらウェブサイトに掲載した。国内向けの詭弁を国外にも恥じずに弄し、問題の否定を反復するだけの回答を読むと、日本の政治指導層に外交感覚はおろか、国際的な場で議論する能力があるのかすら疑いたくなる。ただ、国や官僚は「さすがにそこまでひどくないだろう」という漠然とした幻想が私たちにあるとしたら、完膚なきまでに打ち破られるという点で、章の締めくくりに触れておく意味があるかもしれない。

カナタチ氏が力点を置いたプライバシー保護対策について、政府は「法律上も運用上も、国民に対する監視が強化されることはあり得ず、御指摘の『セーフガード』や『救済措置』を新たに設ける必要はない」と全面否認。「当局による監視が強まるといった懸念についても、そもそも

『テロ等準備罪』は通信傍受の対象犯罪ではなく、捜査当局は、同罪についてSNSやメール等の通信傍受を実施することはできず、リアルタイムで監視することもできない。このように、同罪の創設により、監視が強まり、表現の自由が脅かされるといった懸念は当たらず、国際人権規約の規定に照らしても、『プライバシーの権利や表現の自由を不当に制約する』との指摘は全く当たらない」と、ひたすら指摘を否定している。

しかし、これらの回答には何の根拠も示されていない。ただ投げかけられた疑問文を否定文に変えて返信しただけである。政府は現実を否認することで「解決」したつもりだろうが、逆に無視された現実は危機を深めていく。言葉を換えれば、政府は私たちのプライバシーや表現の自由など気にもかけていないし、個人の尊厳など存在しないも同然に振舞っている。事態はそれほどひどい。

国内外の批判に対し、スパイ組織さながら恫喝と否定で答える政権の方針は、共謀罪の成立を大いに助けた。前川氏の私事を「注意」した公安・警備出身の杉田官房副長官が共謀罪の旗振り役だと報じられているのは頷ける。第五章で論じるように、公安警察がこれまでやってきた監視活動を、共謀罪は合法化し、さらに大胆にさせるだろう。

民主的な透明性を逃れ、民主主義の上に立ち、民主主義を操る、この闇の権力こそ、まさにスノーデン氏が明らかにしようとしたものだ。政府が否定したい現実、SNSやメールや通話やその他個人のコミュニケーションが政府によって傍受でき、すでに傍受されているという現実を、政府とメディアの世論操作を乗り越えて、白日の下にさらす必要がある。スノーデン日本関連ファイルは本来、その絶好のタイミングで公開されたのだ。いまからでも、いのちを吹き込んでいこう。現実を否定するのではなく、知ることが、解決への一歩になるのだから。

第二章 「象のオリ」をめぐる日米密約

沖縄で監視システムに投入された日本の税金

本章から、米調査報道メディア「インターセプト」が２０１７年４月に公表したＮＳＡ機密文書の詳細な検証に入る。これら計15点以上の文書こそ、スノーデン氏がグリーンウォルド氏に提供し、ＮＨＫが日本で特報した情報源であり、インターセプトのサイトから誰でも文書にアクセスできる（https://theintercept.com/2017/04/24/japans-secret-deals-with-the-NSA-that-expand-global-surveillance/）。

公開された文書は２００３年から13年までに発行され、日本に関係する個別の事案を扱っている。米国家安全保障局、通称ＮＳＡは、第二次世界大戦中にドイツと日本の暗号解読を担った部署に起源を持つ。１９５２年にトルーマン大統領の下で米国防長官直属の諜報組織として正式に発足した。通信諜報（Signals Intelligence, 通称SIGINT《シギント》）と通信防諜を専門とし、冷戦下で衛星通信の傍受を主要な任務にして発達してきた。インターネットの登場でデジタル回線上の通信の傍受へと足場を移し、スノーデン告発によって世界に知られるようになった。やはり盗聴や監視を行ってきた連邦捜査局（ＦＢＩ）や中央情報局（ＣＩＡ）に比べて、存在がひた隠しにされてきた。

そういうサイバー・スパイ集団の内部文書なので、盗聴アンテナのタイプなど技術的な用語が随所に登場し、盗聴プログラムなどにコード名が多用され、内部用語の頭文字を取った省略形のオンパレードと、読解は一筋縄ではいかない。公開文書はいずれも極秘（Top Secret）か秘密（Secret）指定され、続けて〝REL TO USA AUS CAN GBR NZL〟の記載があれば、米国、オーストラリア、カナダ、英国、ニュージーランドの諜報機関にも回覧される。これら歴史的には大英帝国に連なる英語圏の国々は、ＮＳＡが「ファイブ・アイズ」と呼ぶ緊密な協力国だ。一方、〝NOFORN〟と記載されていれば、ファイブ・アイズとも共有しない、米国が独占する秘密を意味する。

三つのＮＳＡ監視基地と日本の資金

ＮＳＡの日本での所在地や、日本での活動が公文書によって確認されるのは初めてのことだ。ＮＳＡの具体的な監視活動と日本の関与が明らかになることで、単に「日本で米国がスパイ活動をしている」と抽象的にとらえるのとはまったく異なる局面に、私たちは直面する。個別の事案から浮かび上がってくる日米の監視関係は、単純ではない。米国は日本を監視しながら、その監視活動に日本を協力させてきた。ＮＳＡが対テロ戦争下で押し広げてきた世界監視網の、日本は被害者でもあり、加害者でもある。

複雑な全体像のなかから、インターセプトのライアン・ガラハー記者は重要な点をこう切り取る。「日本はＮＳＡが領土内に少なくとも三つの基地を維持することを認め、ＮＳＡの施設や運営のために5億ドル以上の資金援助をしてきた。その見返りとしてＮＳＡは、日本のスパイに強力な監視ツールである装備を与え、情報を共有してきた」

三つの主要監視基地とは米空軍横田基地（東京都）、同空軍三沢基地（青森県）、そして米海兵隊キャンプ・ハンセン（沖縄県）を指す。5億ドル（約６００億円）に上る資金の出所は、紛れもなく私たちの支払った税金である。が、ＮＳＡ監視システムに予算を支出することの是非が公に議論されたことは今までにない。ＮＳＡの存在そのものが秘密だったのだから。巨額提供は両国間の秘密の合意、密約なのだ。ＮＳＡによって現にこの情報が極秘指定され、日本でのＮＳＡの存在自体がスノーデン証言まで隠されてきたことが、それを裏付ける。米国は密約を重ねて日本から公金を一方的に吸い上げながら、日本各地に監視システムをつくってきた。６００億円は氷山の一角に過ぎないことが、文書を追うごとに判明していく。そしてＮＳＡが日本政府に与えた「強力な監視ツール」には、前章で述べたとおり、恐るべき「エックスキースコア」が含まれている。

一連の文書は、国会の承認や社会的な議論を回避し、日米のごく少数者の間で重ねられてきた巨大な密約群の存在を生々しく照らし出す。そのなかから、この章ではまず、６００億円以上に及ぶ公金はどこで、何のために使われたのかを示す。舞台は在日米軍基地の70％以上が集中する島、沖縄――。

米国があらゆる機会をとらえて、在日米軍の駐留費や基地強化の費用を日本に負担させてきたことは、日米関係の専門家の一致した見方だ。米軍基地の返還など一見、日本の主権を尊重する合意に見えるときも、米軍は実は裏でより大きな見返りを求め、日本政府はその要求を承諾しながら、世論の反発を恐れて密約化してきた。この図式は１９７２年の沖縄施政権返還協定の交渉時にまず露呈した。スノーデン・ファイルが示す事実を理解するには、この歴史的な文脈を理解する必要がある。なぜ沖縄をめぐって密約が生じたのか、ファイルの内容に入る前に振り返っておく。

沖縄返還——多額の裏金と「思いやり予算」の始まり

沖縄はアジア・太平洋戦争で日本の敗戦が不可避になるなか、１９４５年3月末に米軍が上陸、日本「本土」を守るための時間稼ぎの捨て石として使われた。約３カ月の戦闘では、日米両軍と民間人を合わせて約20万人が殺害され、沖縄県民の４人にひとりが亡くなったといわれる。米軍は占領を沖縄戦直後から開始し、52年に日本がサンフランシスコ講和条約によって連合軍の占領から独立を回復したときにも切り離されて、72年まで米軍の統治が続いた。米軍の銃剣とブルドーザーによって多くの土地が住民から一方的に奪われ、基地と軍用施設に変えられた。「本土」各地では米軍基地が反対運動によって減っていったが、沖縄ではその間も基地が拡大していった。

米兵による民間人の殺害や性犯罪、傷害事件や交通事故が頻発するなか、沖縄では新憲法を施行した日本への復帰運動が高まっていく。まさに基地のない平和と、基本的人権が尊重される社会を求めて。核兵器が配備されていた沖縄で、琉球政府は核兵器も基地もない「即時・無条件返還」を主張。米国と返還交渉を開始した佐藤（栄作）政権は「核抜き」と、米軍基地の「本土並み」整理縮小を約束し、「無償返還」を目指すことを宣伝した。

しかし、返還交渉は外交のベールに包まれて実態が隠され、沖縄の人々が求める「核抜き本土並み」「無償返還」の証拠は示されないままだった。そんなとき、毎日新聞の西山太吉記者が、米軍用地の復元補償費400万ドルを米側が日本側へ自発的に支払うと発表されたにもかかわらず、実際には日本側が肩代わりする密約を交わしていたことを報道した。この特ダネは国会でも追及され、日本政府が説明とは裏腹に、実際には米国に多額のカネを渡して、米軍の特権も保証したまま、沖縄を復帰させようとしている舞台裏をのぞかせた。その後、原則25年で秘密解除される米公文書をもとに、400万ドルは日本が米国に払った金額の一部に過ぎないことが明らかになっていく。琉球大学の我部政明教授は1998年以降、日本側の「裏負担」を証拠づける公文書を発見して論文を発表。これまでに日本が少なくとも2億ドル以上を支払う密約を交わしていたことが証明された。

日米間の密約を初報した西山記者は、情報を提供した外務省職員とともに国家公務員法違反容疑で逮捕される。検察は、記者と職員の個人的な関係を意図的に起訴状に書き込んで、暴露した情報入手の方法を世間から厳しく非難されることになった西山記者は毎日新聞を辞し、最高裁で有罪判決を受けた（懲役4カ月、執行猶予1年）。政府の狙ったとおり、世論は沖縄密約よりも男女の関係に目を奪われ、ゴシップまがいの報道が氾濫し、「西山事件」や「外務省機密漏えい事件」と呼ばれるようになった。

社会的にほとんど抹殺された西山氏は、しかし密約の追及を諦めなかった。我部氏の公文書発見に続き、2005年2月には、返還交渉時に外務省アメリカ局長だった吉野文六氏が北海道新聞のインタビューで密約の存在を認めた。西山氏は同年、密約の真相を明らかにし、自分に対する有罪判決の不当性を示すため、名誉毀損で国を相手取った国家賠償請求訴訟を起こした。西山氏を刑事訴追した裁判で、吉野氏は「密約はない」という政府の立場を代表し、検察側証人となっていた。その吉野氏が「徹底的に嘘をついた」ことを認めたいま、事実と異なる証拠に基づく有罪判決は誤判であると、西山氏は主張した。

返還交渉時に日本側の最高責任者だった吉野氏は北海道新聞と、同紙のスクープを追った全国紙などのインタビューで、「無償返還」という佐藤政権のたてまえと、交渉の場で米国から容赦なく求められた財政負担のはざまで、嘘を重ねた過程を明らかにしている。日本側は「とにかく返還してもらうのが先決だから、(アメリカ側と)基地について実質的な話はしなかった」が、国内向けに「基地返還リスト」までつくってカモフラージュした。返還協定は国際条約であるから、批准するには国会の承認を必要とする。国会で審議される協定内容に政府担当者が虚偽を書き込んだり、虚偽の答弁をしたりすれば、違法性が生じる。にもかかわらず、吉野氏が「とにかく(返還)協定を批准させせればそれでいい。あとは野となれ山となれという気持ちだった」と告白していることは、真に衝撃的だ。

西山記者の逮捕時、吉野氏は警察に二度呼ばれたという。「これは機密漏えい(事件)だから聞きましょう。国家機密であるかどうか、あなたはどう見ますか」と聞かれて、「外交交渉の中味を公にすることは絶対にできない。だから、今後我々は国会でも全部嘘をついていく」と答えたという。刑事はそれに対して「ああ、そうですか」で終わり、告発も捜査もしなかった。政府の組織犯罪は秘密によって守られ、政府の組織犯罪を暴いた西山記者が逆に罰せられたわけだ。吉野氏は「とにかくどうしようかなと思って苦境に立った時に、西山記者に対する起訴状で世の中の流れが一挙に変わった。本当に助かった」と述べている。西山氏を犯罪者にして、密約の工作者たちは生き延びたばかりか、佐藤首相は沖縄返還の功績で、ノーベル平和賞まで受け取った。一見、平和に見えて、正義と不正義が激しく倒錯する戦後政治に、私はめまいを覚えずにはいられない。

西山氏は、月刊誌『世界』で田島泰彦・上智大学教授（当時）のインタビューに答えてこう語っている。

「沖縄返還には二重の性格があります。一つは沖縄の祖国復帰であり、素晴らしい出来事ですね。しかしもう一つの問題は、沖縄にある全世界をにらんだアメリカの巨大基地があり、それが日本の領土内に返ってくるときに、日本はどう対応していくべきかということです。これは日本の戦後の国際政治における最大のテーマであったはずです。であれば沖縄問題については真実を国民に伝達して、正確な判断を求めていかなければならないはずです。ところが、全部が虚像なのです。」（「『密約』がいまの日米関係の起点だった——沖縄無償返還という虚像」『世界』２００６年５月号）

沖縄返還時につくられた日米関係の虚像は、その後も在日米軍への「思いやり予算」を通じて膨らんでいく。西山氏は同じインタビューで、沖縄密約でいくつも明らかになった日本側の「裏金」のうち、「私はあの交渉の過程で最高の秘密は、6500万ドルの米軍施設改良工事費を決めて、それを公表しないいまま実行に移したことだと考えています」と語っている。当時で換算すれば二百数十億円に当たる税金を使って、米軍施設の提供のみならず、改良や移転も日本が負担することが、国会の承認を経ずに実行された。もちろん、国会の承認を得ない税金の支出は本来違法、憲法違反なのに、である。これが、1978年に62億円でスタートする「思いやり予算」の先駆けとなった。日本が負担する在日米軍の駐留経費のうち、日米地位協定の枠を超えた部分についても特別協定によって支払う枠組みは、法的な根拠がないからこそ、密約のなかでつくられたのだ。

政府の組織犯罪と、それを守る裁判所

スノーデン・ファイルが明かすNSA監視システムへの日本の巨額支出は、この40余年前の沖縄密約の先に位置づけることができる。言葉を換えれば、日米が結んできた密約という背景を抜きにスノーデン・ファイルを真に理解することはできないし、スノーデン・ファイルは日本政府が「ない」と言い続ける巨大密約群の最新証拠でもある。

インターセプトのガラハー記者の記事はNHKよりは格段に詳しく文書を伝えてはいるが、沖縄密約や在日米軍基地問題を押さえていない点で、事実の意義を十分にとらえきれていない。NSAの監視システムに批判的な視点で書かれているが、米国発信のニュースだから日本にとって

の意味を伝えるには限界がある。西山氏が言うとおり、沖縄が「日本の戦後の国際政治における最大のテーマ」だと理解するには、在日米軍をめぐる歴史的な経緯を知っていなくてはならない。

その意味で、NHKの番組制作者たちは、日本にとってのNSA文書の意味を読み取るためにこそ、インターセプトからパートナーに抜擢されたのだろう。しかしNHKは、沖縄が米軍基地問題のホットスポットであり続け、スノーデン・ファイルの「現場」であるにもかかわらず、素通りした。密約の存在も歴史的文脈もまったく紹介しなかった。だからこそ私は、スノーデン・ファイルの検証を沖縄から始める。スノーデン氏が私たちに知らせようとした事実が、どれほど強固に隠されてきたことなのか――ファイルの意義を理解するために、もう少しだけ密約追及のその後をフォローする。

西山氏の国家賠償請求訴訟で、裁判所は密約の存否に踏み込むことを徹頭徹尾、回避した。西山氏の国に対する名誉毀損の個人損害賠償請求権に除斥期間（20年）を適用して請求権は消滅したとし、形式的な法律論で訴えを退けた。密約という国の違法行為について検討しなければ、西山氏の有罪判決が誤判であったかどうかを論じることはできないから、これでは何も検証されなかったに等しい。裁判所が組織的に政治についての判断を回避する姿勢は、政府の暴走をひたすら許し、三権分立を根腐れさせ、日本の閉塞感を強固にしている。

政治のもたらす閉塞感に体当たりをかけるのは、いつでも個人だ。不屈の西山氏は2008年、情報公開法に基づいて、外務大臣と財務大臣に密約に関する文書3点の開示を請求する手続きに着手した。両大臣は文書を保有していないことを理由に不開示を決定。西山氏は最高裁で国家賠償請求訴訟の敗訴が確定したのとほぼ入れ替わりで、今度は情報公開裁判を起こし、密約文書の開示を求めていく。

私はこのころ、北九州市に暮らす西山氏の自宅でインタビューし、密約前後の自民党幹部や外務官僚の動きを細かく記憶し、折からの米軍再編にまたもや密約が潜んでいることを警戒する西山氏の頭脳の明晰さに圧倒された。昔の新聞記者はこんなに切れ味が鋭かったのかと舌を巻いた。西山氏は、自身の言葉でいえば「生き恥をさらして」密約を追及し続けることで、対米従属という真実と、それを隠し通そうとする権力犯罪への世の関心をつなぎ止めようとしていた。それは屈辱的な密約が、米軍再編によって繰り返されないようにするための警鐘でもあった。これが自分を徹底的に破壊した世間に向かって新聞記者が投げ返したボールであることを思えば、その意味はなおさら重い。雌伏三十余年、氏の粘り強い取り組みが、移り気な社会の忘却に歯止めをかけ、停滞に突破口を開いてきたといえよう。

2009年の政権交代は、密約をいまだに死守しようとする権力構造に一瞬の緩みをもたらした。民主・社会民主・国民新党による鳩山（由紀夫）連立政権は、普天間飛行場の移設先を「最低でも県外」と約束していた。外務省に「いわゆる『密約』問題に関する有識者委員会」が設置され、委員会は広義の密約があったとする報告書を公表し、本来あるべきはずの重要文書が欠落していると指摘した。財務省でも、沖縄返還交渉に関する文書の再調査と交渉担当者への聞き取り調査が実施された。沖縄密約を認めようとする政治の流れに並行して、東京地裁は情報公開裁判で2010年、密約の成立と文書作成の事実を認定し、「文書は極めて重要性が高く、国が保有していると認定できる」と、国に文書開示と西山氏ら原告への損害賠償の支払いを命じる判決を下した。

だが鳩山首相はほどなく「最低でも県外」を放棄した。連立政権は、戦後ほぼ一貫して自民党政権下での既得権益に奉仕してきた官僚機構から猛烈な反発に遭い、膝を折っていった。外務・財務両省が開始した調査は、それまでなかったとされた文書を一部発見し、密約を一定程度は認めたところで幕引きを図った。

政治の失速に同調するかのように11年、情報公開裁判二審の東京高裁は一審判決を取り消した。外務・財務両省の調査の結果、文書が見つからなかったとされたことを根拠に、密約文書は「秘密裏に廃棄された可能性がある」とし、「第一級の歴史的価値を有する」重要文書の保管のあり方に「問題があったと言わざるを得ない」とまで述べながら、不存在の文書は開示できないから不開示の決定を適法、としたのだ。確かに、2001年の情報公開法施行前に、中央省庁は多くの文書を廃棄処分にし、外務省でも00年の米公文書発見から01年の情報公開法施行までに1200トンを超える秘密文書を一挙に破棄したと報道された（西山太吉『決定版　機密を開示せよ』岩波書店）。ならば、違法な密約を隠すための組織的証拠隠滅こそ、法の番人が追及すべき本丸のはずだ。が、本丸はすり替えられ、最高裁は14年、国が「不存在」とした文書の開示を請求する場合は、原告側に文書の存在を立証する責任があるという、情報公開制度を骨抜きにする判断を示した。文書を見たことがない請求側が、どうやって文書の存在を立証できるのか。最高裁が誰のためにこんな無理難題をわざわざ判決に書き込むのかを考えるとき、この国の司法が他の民主主義国では考えられない深刻なレベルで行政に支配されていることがわかる。

日本政府はこうして組織的に密約をなかったことにしてきた。公文書と証人が密約を具体的に証明しているのに対して、政府は「ない」「ない」とひたすら言い張り、秘密の領域をつくって嘘をつきまくる。と同時に、この姿勢は序章で述べたように、安倍政権の報道対応の原型といえる。首相や官房長官や最近では外務大臣が、怒気と威圧を絡めて否定しまくると、たいていの記者は恐れをなして追及を諦める。

しかし政権交代とそこから漏れ出した不都合な過去への追及は、戦後政権をほぼ独占してきた自民党にとって相当な脅威だったのだろう。２０１２年末に首相の座に返り咲いた安倍氏が、まず特定秘密保護法を成立させたことは何重にも象徴的だ。不都合な真実を「ない」と言い張るだけでは足りず、違法な政治とそれを証拠づける文書を国家機密の名の下に隠蔽することを合法化したのだから。秘密法がなくても真実を報じた西山氏は処罰された。だが、秘密法があればもっと簡単に、もっと一律に、もっと形式論で、次なるメッセンジャーを黙らせることができる。西山氏への刑が懲役4カ月、執行猶予1年だったことを考えれば、秘密法の最高懲役10年という刑は、桁違いに重い。なにより、秘密法ができることで、法を執行しなくても記者たちへの抑止力がはたらく。その結果、真実を否定する安倍政権の混声合唱はますます自信にみなぎり、論点をすり替え、真実を語りにくい空気を醸成する効果を上げている。

しかし、嘘の隙間から真実の光は繰り返し、漏れ出てくる。西山太吉という強靭な精神の後に、私たちはエドワード・スノーデンという勇気の到来を見たのだ。

より大きな見返りを求める米軍

密約は沖縄返還で終わりではなかった。スノーデン・ファイルはその射程を広げ、日本政府が主権回復直後から在日米軍に便宜を図り、今日まで様々な財政的負担を伴う密約を重ねてきたことを示唆する。在日米軍施設の70％以上が集中する沖縄が、ＮＳＡの世界監視網の拠点として登場することは、考えてみればなんの不思議もない。しかし、２００３年12月15日付と07年３月16日付のスノーデン・ファイルが、初めてその位置を特定した。

両文書は、ＮＳＡのコード名「カメラス」で結ばれている。03年の文書＝文書１＝は、このコード名が「日本の財政負担によってＮＳＡのハンザ沖縄遠隔収集施設を移転するための奮闘」を意味すると述べ、07年の文書は施設の移転が完了するまでの紆余曲折を振り返っている。前述のように、ＮＳＡ文書は読んですぐにわかるようには書かれていないが、03年文書がこの盗聴アンテナを「象のオリ」のように見えると形容し、07年文書が「１９９６年、米政府は沖縄島にあるＮＳＡの高周波遠隔収集施設を移転するため、日本政府と多面的合意に至った」で始まることから、私はピンときた。これは日米両政府による96年のＳＡＣＯ合意で返還が決まった沖縄県読谷村の楚辺通信所、あの通称「象のオリ」のことではないだろうか？

楚辺通信所の返還合意は前年、沖縄で米海兵隊員２人と海軍兵１人が小学生を監禁して集団強文書1。「カメラス」計画についてのNSA極秘文書。日本に「象のオリ」移転コストを全面的に負担させることを記す。SIDはNSA内の通信諜報本部を指し、SID Todayはそのニュースレター。

DYNAMIC PAGE -- HIGHEST POSSIBLE CLASSIFICATION IS
TOP SECRET // SI / TK // REL TO USA AUS CAN GBR NZL

(C) Collection Facility Goes Low-Profile on Okinawa

FROM: SIGINT Communications
Unknown
Run Date: 12/15/2003

(C) CAMELUS is the NSA coverterm for the Japanese-funded effort to relocate NSA's Hanza Okinawa Remoted Collection Facility (RCF) and its support activities to a location 25 kilometers north, to an area known as Landing Zone Ostrich in the Okinawa Central Training Area (CTA) on USMC Camp Hansen. Why the move? The relocation will shift the highly visible facility from a populated area to a more "low-profile" setting, in accordance with the wishes of the local Okinawa population. When CAMELUS is up and running, the mission at Hanza will be shut down, its mission equipment removed and reutilized elsewhere. The Japanese Government plans to raze the Hanza site and return the land to the original owners after we've moved.

The existing antenna array at Hanza.

(C//SI) While the Hanza RCF employs a circa 1960 Circularly Disposed Antenna Array (CDAA) - sometimes likened to an "elephant cage" - for HF collection (above), the CAMELUS antenna will be smaller, with a lower profile, PUSHER-like antenna. The Japanese Government is paying for all civil work, construction, utilities hookups, and replication of the SIGINT mission-systems. The cost is estimated to be well over $150 million. CAMELUS will provide SID with not only a new collection facility, but also a state-of-the-art HF collection system called STAKECLAIM , a functional replacement for the existing systems at Hanza (LANCER/GRN, TIDY TIPS III, LONGROOT HFDF, and MEDIATOR).

Building A at Landing Zone Ostrich

Entire site - Landing Zone Ostrich.

(C) CAMELUS Facility construction began on the new site in the spring of 2003. SIGINT Mission system installation and testing will start in the July/Aug 2004 and the current acceptance-date is planned for December 2004. For further information on this project, contact anyone on the CAMELUS team ("go CAMELUS"):

- [redacted] Chief TSPMO ([redacted]@nsa, [redacted] ,
- [redacted] Deputy Chief TSPMO, CAMELUS Program Manager [redacted]@nsa, [redacted]),
- [redacted] CAMELUS Program Manger - Okinawa [redacted]@nsa, [redacted] or
- [redacted], CAMELUS Technical Leader for Mission Systems ([redacted]@nsa, [redacted] .

"(U//FOUO) SIDtoday articles may not be republished or reposted outside NSANet without the consent of S0121 (DL sid comms)."

DYNAMIC PAGE -- HIGHEST POSSIBLE CLASSIFICATION IS
TOP SECRET // SI / TK // REL TO USA AUS CAN GBR NZL
DERIVED FROM: NSA/CSSM 1-52, DATED 08 JAN 2007 DECLASSIFY ON: 20320108

姦した事件、いわゆる「沖縄少女暴行事件」に端を発する。沖縄県警は容疑者の米兵たちの逮捕状を取ったが、1960年の日米安全保障条約改定と同時に締結された日米地位協定によって日本の刑事裁判権が制限され、基地に逃げ込んだ米兵たちの身柄が起訴前に日本側に引き渡されることはなかった。このむごい事件と治外法権に抗議し、日米地位協定の改定を求める集会に、県内各地で計約10万人が参加するという怒りの渦が巻き起こった。当時の村山（富市）連立政権（社会・自民・さきがけ）は「沖縄の負担軽減」に取り組むため、米政府と「沖縄に関する特別行動委員会」（Special Action Commitee on Okinawa, 通称ＳＡＣ

O）を設置。その結果、人口密集地にあり、「世界一危険な飛行場」と呼ばれる米海兵隊の普天間飛行場（宜野湾市）の返還を目玉に、在沖縄米軍基地の11施設を返還するＳＡＣＯ合意に到った。ＳＡＣＯ中間報告を前にした96年4月12日夜、当時の橋本龍太郎首相はモンデール米大使と共同会見し、普天間飛行場を5～7年以内に返還することで合意した、と発表した。緊急会見はテレビ中継され、日本外交の勝利、政治のリーダーシップと華々しく報じられたことを記憶している人も多いだろう。

私も当時、テレビ中継を見ながら、燎原の火のごとく広がった民衆の怒りが政治を突き動かしていく時代を目撃していると感じた。この共同会見や当時の新聞記事を読むと、橋本龍太郎という政治家は実際、沖縄戦への思いが強かったようで、地上戦の地獄から米軍基地の集中へと続く沖縄の苦しみを軽くするという認識から、大田昌秀・沖縄県知事と会談を重ねていた。大田知事は橋本首相に、日米首脳会談で普天間返還に言及することを進言したが、外務・防衛官僚は強く反対し、首相自身も最後まで迷っていたという（米国の言いなりになることが慣例化している官僚の発想がわかる）。96年2月に米西海岸サンタモニカで開かれた日米首脳会談の終了間際、クリントン大統領の「沖縄の問題で何か言い残したことはありますか」という一言に答えて、橋本首相は普天間返還を切り出した、という。

普天間返還を要求することが、この政治家にとって大きな賭けだったことは確かだろう。橋本首相は共同会見で「私は、少なくとも、今まで長い期間、沖縄の皆様に背負っていただいた荷物の一つを、少なくとも我々が全力を尽くすことによって、解決してあげることが出来るという道が開けただけでも、今、本当にホッとしています」と語っている（「モンデール駐日米国大使との会談後の共同記者会見（橋本龍太郎）」データベース「世界と日本」http://worldjpn.grips.ac.jp/documents/texts/PI/19960412.O1J.html）。

しかし、ＳＡＣＯ合意で「返還」が合意された米軍施設は、実際には多くが「移設」を意味していた。そのまやかしの最たる現場が、普天間飛行場の移転先として大規模な新基地建設が計画された名護市辺野古だった。「普天間返還」という華々しいニュースから、東海岸屈指の美しい海を大規模に埋め立てて汚染し、新基地を建設することを、誰が想像しただろうか。辺野古の基地建設阻止行動は20年を超えて継続し、沖縄の人々が選挙で繰り返し新基地反対を掲げるリーダーを選んでいるにもかかわらず、国の暴力的な排除によって大浦湾に土砂が投入されるに至った。メディアも、私も、最初の発表にすっかり騙されたのだ。

橋本・モンデール共同会見を冷静に読み直すと、モンデール大使は繰り返し「米軍の能力や即応力は減らさない」と強調していた。つまり、米国は沖縄の世論に応じる姿勢を見せながら、この機会に米軍施設を時代に合わせて新調し、技術革新を図る意図があったことが、いまなら透けて見えるのだ。

象のオリに隠された密約「カメラス」

ＮＳＡ文書が語る「象のオリ」は、この矛盾に満ちたＳＡＣＯ合意の、もう一つの現場だった。象のオリ返還の背後で進行していた密約を、両文書は明かす。

96年当時、象のオリは全国的な注目を集めていた。というのも、米軍用地は日本政府が地主と契約を結んで米軍に提供しているが、地主が契約を拒否した場合は米軍用地特別措置法により、知事が強制使用のための代理署名を行う。だが少女暴行事件の直後に、大田昌秀知事は代理署名を拒否。楚辺通信所は96年4月、一部の用地が20年の使用期限切れとなり、米軍がこの土地を使用し続けることは国による不法占拠となったのだ。反戦地主の知花昌一さんらが土地の明け渡しを求めて国を訴え、象のオリ内への2時間の立ち入りを実現する過程が連日、ニュースで伝えられた。自分たちの土地であっても防衛施設庁（当時）の張り巡らせたフェンスに囲まれ、日の丸と星条旗の下で立ち入り禁止とされてきた象のオリに同年5月、知花さんらが足を踏み入れ、靴を脱いで大地に立ち、喜ぶ様は確かに新しい時代を予感させた。一緒に来た約２００人の支援者たちは立ち入りを許されなかったが、それはまた基地の不条理を活写し、この状況を変えていく地方自治のうねりを感じさせた。

一方、日本政府はまたしても司法を動員して、沖縄を封じ込めようとする。村山首相は代理署名の職務執行を求めて大田知事を提訴。最高裁は知事を敗訴とした。国はさらに自らの不法占拠を合法化するために、特別措置法を改定して地主が契約更新を拒否した場合でも「暫定使用」を可能にし、かつ首相権限で強制使用を可能にするという策に出た。その土地で生きてきた人たちの意思はおろか、地方自治を無視し、法治主義も民主主義もかなぐり捨てて、米軍に土地を提供するために法律をねじ曲げたのだった。

だが、島ぐるみの抵抗は、在沖米軍をかつてなく追い詰めた。普天間飛行場を先取りして基地返還の象徴となった象のオリは、ＳＡＣＯ合意の「全面返還」リストに載った。メディアを賑わせた楚辺通信所の全面返還が、実は県内中部の米海兵隊キャンプ・ハンセン（金武町、名護市、恩納村、宜野座村）への「移設」であること、この高周波遠隔収集アンテナの「移設」が何を意味するかは、この時点でほとんど報道されなかった。03年文書は、民衆の勝利を前面にすえた「移設」が、米軍にとって当初から望ましいものだったことを明かす。

「なぜ移転するのか？　市街地にあって、非常に人目につきやすい設備をもっと『目立たない場所』へ移動させることができるからだ。沖縄の地域住民の願いに沿うかたちで」

「象のオリ」は、そもそもどんな役割を果たしてきたのか。オーストラリアの安全保障研究者、デズモンド・ボールとリチャード・タンターの約４００ページに及ぶ報告『１９４５―２０１５年の日本におけるアメリカ通信諜報活動・ビジュアルガイド』（以下、『ビジュアルガイド』）によれば、読谷村楚辺地区には１９５３年に、普天間から米陸軍の行政部隊が移転し、57年までに陸軍安全保障局の試験場としてトリイ・ステーションと名付けられた。空軍と海軍の諜報機関も常駐するようになり、香港にいたイギリスの通信諜報員も時に利用したという。１９６０年代には主に中国の通信を傍受するだけでなく、沖縄と周辺でアメリカの電話回線に入る通話も盗聴し、ＮＳＡにも設備を提供するようになる。そして60年、トリイ・ステーションの北側に海軍のアンテナ用地として選ばれたのがキャンプ・ハンザ＝楚辺通信所だった。見晴らしのよい高台にあり、近くには読谷飛行場もあるという地の利の良さが好まれた。高周波を探して拾い出すＡＮ―ＦＲ

D10という巨大な円状配置アンテナ列が53ヘクタールの敷地に設置され、1962年、世界で初めて運用を開始した（Desmond Ball and Richard Tanter, "US signals intelligence (SIGINT) activities in Japan 1945-2015: A Visual Guide," Nautilus Institute NAPSNet Special Report, 2015）。

AN-FRD10は周囲5千キロにわたる通信をキャッチし、イギリスの類似品に比べて2倍もの通信を受信できた。キャンプ・ハンザはまた世界的な諜報網「クラリネット・ブルズアイ」にも組み込まれた。60～70年代を通じて、衛星通信を傍受するための皿状アンテナなどいくつものアンテナと管理棟が追加された。ベトナム戦争時でもあり、朝鮮半島をめぐって中国の動きを探るためでもあったという。この冷戦期のピーク時、要員は500人にまで膨らんだ。

隣接するトリイ・ステーションでは61～71年にかけて、NSAの直接指揮の下、陸海空軍の「楚辺合同処理センター」が設置され、68年には727人が収集したデータと暗号の解析に当たり、年に1万1000件以上の監視報告を書いたという。要するに、読谷村楚辺地区は普天間飛行場、空軍嘉手納基地と連携しながら、在沖米軍の諜報基地として中心的な役割を果たすようになった。一方で、米兵の犯罪などが起きるたびに抗議の対象ともなり、64年に沖縄社会大衆党のデモがあって以来、トリイ・ステーションの正面玄関は閉鎖されたという。

それだけ重要な役割を果たしてきた楚辺通信所を閉鎖するからには、監視機能をいかに維持・向上させるかが、米軍にとって課題だった。移設の経費を日本側に支払わせる秘密計画を、NSAは「カメラス」（CAMELUS＝ラクダ類の総称）と呼んだ。

「カメラスが立ち上がって走り出すとき、ハンザの任務は終了し、装備は撤去されて別の場所で再活用される。日本政府はハンザの施設を完全に破壊し、我々が移転した後に本来の地権者たちに土地を返還する予定でいる」

しかし、装備の「再活用」はリサイクルや再使用ではなく、「移設」も実際には新たな「もっと目立たない、もっと小型のカメラス・アンテナ」の建設を意味していた。象のオリまたは恐竜のオリと呼ばれるほどに巨大な円状配置アンテナ列が、米軍の沖縄支配の象徴となっていただけに、もっと目立たなくなること（lower profile）は米軍にとっての利点であり、沖縄に居残るための戦略でもあったことがわかる。極秘指定された03年の文書は、ＮＳＡの中枢である通信諜報本部（Signals Intelligence Directorate）が発行する内部ニュースレター「SIDtoday」で、「情報収集設備は沖縄で目立たなくなる」と題している。目立たないことはもちろん、スパイ組織の鉄則でもあり、ＮＳＡにとって歓迎すべきことなのだ。そしてコストは——。

「日本政府は（移設に伴う）すべての民間業務、建設、（水道・ガスなど）公共サービスとの接続、通信諜報システムの復元に関するコストを負担している。そのコストは1億５０００万ドル（約１８０億円）を優に上回ると見積もられる。カメラスは我々通信諜報本部に新たな情報収集設備だけでなく、ステイククレイム（STAKECLAIM）という最新技術を搭載した高周波収集システムを提供し、ハンザに現在あるシステムの機能的な転換をもたらすだろう」（カッコ内筆者）

日本から格別に高価な「ラクダ」がプレゼントされることを祝っている。

5億ドルのカメラス成功を喜ぶ

03年の文書は、SACO合意から7年が経過した時点で書かれた。SACO合意は、楚辺通信所の2000年度末までの返還を予定したが、実現は大幅に遅れた。同文書は、03年春に楚辺通信所から25キロ北にあるキャンプ・ハンセン内の沖縄中央訓練区域にある「ダチョウ着陸帯」と呼ばれる敷地で、新設備の建設が始まったことを期して書かれ、04年7、8月に新設備の通信収集テスト、同年12月に新設備の引き渡しという見通しを述べている。「この計画についてのもっと詳しい情報は、カメラス・チーム（"go CAMELUS"）にお尋ねください」と、おどけたオチをつけている。

だが、キャンプ・ハンセンへの「移設」が実際に完了したのは06年だった。まさにラクダの歩みで建設が進行する間に、経費はさらに大きく膨らんだことを07年の極秘文書「NSAの通信諜報地点、日本で移転する：転居の裏の物語」が要約する。

「この合意を実行するための努力には『カメラス計画』という名前が付けられた。この合意によれば、日本政府は、新しい設備の建設と新たに導入される情報収集システム（ステイククレイム）の取得を含む、全移設費用を支払うことになった。このカメラス計画によって、日本の納税者が支払った額はすでに5億ドルを超えると見積もられる」（カッコ内原文ママ）

この章の冒頭で、インターセプトのガラハー記者が指摘した「日本はNSAに少なくとも5億ドル以上の資金援助をしてきた」という数字はここから来ている。

オーストラリア、カナダ、イギリス、ニュージーランドにも回覧されたこの文書は「カメラス

実現までの10年の道程には紆余曲折があった」と振り返る。交渉に当たったのはＮＳＡの技術サポート計画管理室。対する日本側は、ＮＳＡのパートナーである防衛省情報本部電波部ではなかった。「そのため日本側の目標は純粋に政治的で、土地の返還と経費、日程を扱っていた」。どの部署かは明記されていないが、米軍の施設管理に当たる防衛施設庁と、財政措置が必要なことから財務省の関与が考えられる。そのため当然ながら、「沖縄での通信情報収集の向上は日本側の目的には挙がっていなかった。しかしＮＳＡの目標は、日本の計画と財源をてこにして、沖縄での高周波収集を維持し、または控えめにでも向上させることだった」と文書は明かす。ステイククレイムによる沖縄での高周波収集はすべて、ＮＳＡとＣＳＳ（中央安全保障サービス）のハワイ24時間情報収集作戦センターか、ＮＳＡ本部があるメリーランド州・ミード作戦センターと遠隔的につながることが目指された。ところが新しいアンテナ用地の整備にも大幅に時間がかかり、裁判所が決定した象のオリの使用期限が再び迫ってきた。

国による不法占拠の再現を回避したい日本側はステイククレイムの完成前に、楚辺通信所の閉鎖と土地の返還を求めたが、ＮＳＡのカメラス・チームは執拗な交渉でこれを押し返す。「両政府の目的は明確に相対立するものだったので、結果的に多くの問題に発展し、解決には両政府の非常に高位の代表者の関与を要した。ＮＳＡのカメラス・チームはアジア・太平洋外交担当の国防副次官と数多く面談して議論に参加し、土地の返還期日について米国政府が取るべき立場を国防副次官が確定する手助けをした。日本政府の立場は、新たな任務のシステム（ステイククレイム）が整う前に、米国政府はハンザの設備を閉鎖し、土地を返還するべきだというもの

だった」（カッコ内原文ママ）
「カメラス・チームは、日本政府高官たち（防衛施設庁長官）が国防副次官に日本側の主張を訴えるためにワシントンを訪れた際の数度の会合にも出席した。日本の防衛庁長官は２００４年11月、ラムズフェルド国防長官と会い、この計画も議題にした。ハンザの任務への全面的な援助と土地返還への政治圧力という対立構造は、計画の始めから終わりまで続いた。が、最終的には、土地の全面返還は新施設の完成と運用が開始されるまで達成されなかった」（同）

アフガニスタンとイラクですでに対テロ戦争を開始していたブッシュ政権の国防長官、ドナルド・ラムズフェルド氏は徹底した軍事の外注化と民営化を進めていた。04年11月にワシントンでラムズフェルド国防長官と会談したのは、大野功統防衛庁長官である。大野長官は日米防衛首脳会談後、自衛隊海外派兵の「本来任務」への格上げや日米で共同開発している「ミサイル防衛システム」のため武器輸出禁止三原則を緩和する方針などを明らかにしたが、楚辺通信所の返還についても米国の要求を飲んで、ラムズフェルド長官を喜ばせたことは語らなかった。自衛隊のイラク派兵やミサイル防衛（という名の攻撃）システム開発に比べて、楚辺通信所は小さな問題に見えるかもしれないが、新施設が約６００億円を超えるＮＳＡ世界監視網の最新拠点であると知れば、小粒とは言えない。他国がけっしてしないような高価なプレゼントを日本政府がしても、米政府は完成まで土地は返さないと、一歩も譲らなかったのだ。

計画が大幅に遅れたのは、もともとジャングル戦闘訓練に使われていたような起伏のある丘陵地を、アンテナを建設するために平らにならし、道路や電気も通す必要があったからだ、と文書は説明する。

「運用可能になった施設はまた、アンテナ用地を含んでいる。このアンテナ用地の建設は、日本政府の工事受注者にとって主要な工事技術上の問題となった。というのも、半径102メートルの平らで堅固な表層を作るために多量の土砂が必要だったからだ。我々が気づいたのは、日本の業者にはNSAの水準に叶うアンテナ用地を建設する経験が乏しい、ということだった。最終的には、我々は求めたものを手に入れたし、この用地が今後長年にわたって我々の必要を叶えてくれると信じている。NSAは2006年5月15日、新しい設備を受け入れた」

この「受け入れた」(accepted)という語感に、私はえもいわれぬ米軍の傲慢を感じる。日本から「与えられた」(given)でも「受け取った」(received)でもなく、「受け入れた」。自分たちが求めるハイテク・スパイ装備を、おのれはびた一文払わず、何も知らない日本の納税者の懐から横領し、日本の土木建設業者には経験がないとぼやき、やっと満足のいく水準になったから受け入れた、と。一見、客観的に経緯を書いているようでいて、日本から徹底的に奪い取った資源を自分たちの業績として自慢する文章は、日本を見下す意識がなければけっして書けない。軍事や外交の世界がいくら冷徹なものであったとしても、ここには力による支配を信奉する組織の常習化した狂気がある。

カメラス・チームは、すまし顔で裏話を続ける。「06年9月8日、ステイククレイムの遠隔操作テストがNSAのハワイセンターで実施されて成功、ステイククレイムの運用能力が公式に認定された」と。

06年末に楚辺通信所はようやく全面返還され、翌07年に象のオリは解体された。当時の琉球新報は移設工事の経費を約240億円と報じ（06年11月18日付）たが、NSA文書が明かした約600億円とは大きな開きがある。この差額360億円がカメラス密約の核なのかも知れないが、全体像はやはり、SACO合意で基地返還が寿《ことほ》がれた裏側で、米軍施設が日本の支出によって強化されたことだろう。

NSA文書は10年間の長い秘密交渉を振り返って、自画自賛する。

「多くの異なる政府組織がチームを組んだことと、米国政府が一丸となって外部の利害関係者に対して強く一貫したメッセージを維持したことが、良い成果に結びついたプロジェクトがあるとすれば、カメラスをおいて他にない。プロジェクトの成功は偶然ではなく、チーム全体が骨身を惜しまず、膨大な量の仕事をした結果である」と。まるでスポ根漫画のように、チームワークの勝利を祝っている。

しかし、それもそのはず。沖縄県内の米軍施設面積は約2万3000ヘクタール。そのうち楚辺通信所の53ヘクタールというわずかな土地の返還と引き換えに、NSAは最新鋭の盗聴アンテナ施設を基地内部の目立たぬ環境に、ただで手に入れた。文書は高らかに宣言する。「ミッション・コンプリート（任務完了）！」。

NSA文書のおどけた表現は笑えない。日本と沖縄に対する臆面もない植民地意識が、どこまでも匂い立つからだ。

密約で隠される不平等と戦争協力

「沖縄の負担軽減」をうたいながら、NSA監視システムに注ぎ込まれていた多額の日本のカネ。沖縄返還時の「裏負担」の総額が2億ドル以上だとして、当時とドルの為替レートが違うことを勘定に入れたとしても、単独施設に5億ドルはずば抜けて大きな額だ。このカネがどこから出たのかを追及する必要があるが、「思いやり予算」やそれ以外の在日米軍関連費に丸め込まれている可能性が高い。NSA文書からは、これが米軍にとって瑣末なことではなく、まさに一銭でも多く日本からせびり取るために、密室での交渉に万全の態勢で臨んでいたさまがありありと伝わってくる。

民主主義的な手続きをまったく介さない密約が、日本の政治・外交の中枢に巣喰い、拡大してきたことをスノーデン・ファイルは暴く。密約は過去に一度きりのことではなく、最初の密約をテコに次の密約へと積み上げられてきたのだ。西山氏はそれを「政府の情報犯罪」と呼び、日本政府の密約体質が沖縄返還から始まったと書いている。政府が情報犯罪を繰り返してきたのは、取り決めも直さず、約束の中身が現代の不平等条約といえるほど、日本にとって一方的に不利な内容だからだ。国会でもメディアでも、政府の責任が追及されるのは必至だ。それだけではない。世論に一切問うことなく決められた税の使途は、平和憲法に真っ向から対立する戦争協力である。もし日米合意が平等で平和的な内容であったなら、政府はなんら隠す必要はないだろう。つまり、政府は憲法や法律に違反する疑いの強い取り決めをした上で、それを虚偽の答弁や陳述によって隠してきた。これらの密約は中身と手段の両方において、二重の権力犯罪だと言える。

日米密約の恒常的な現場として近年、注目を集めているのが日米合同委員会だ。吉田敏浩『「日米合同委員会」の研究』（創元社）によれば、日本政府の官僚と在日米軍の軍人からなる日米合同委員会は、都心の米軍施設や外務省の密室で何十年にもわたって隔週で開かれ、日本で米軍に治外法権に等しい特権を与えるために数々の密約を生み出している。日本側は外務省北米局長、米側は在日米軍司令部副司令官をトップとする構成は、明らかに占領期の支配関係を残している。ここで交わされた秘密の合意が、「日本の国内法（憲法体系）を侵食し、日本の主権を侵害しているのです」と吉田氏は書く。「合意がいったいいくつあるのかさえわかりません。日米合同委員会の文書・記録として処理すれば、すべては闇の中に封印できる仕掛けになっているのです」

沖縄返還交渉についても、日米合同委員会の取り決めについても、日本政府はいまだ「密約はない」という立場を維持している。どれだけ証拠が上がっても認めない日本政府の無謬性への固執は、他の民主主義諸国ではあり得ない。無謬性を貫くためだろう、やはり他の民主主義諸国では考えられないほど情報を開示しない。沖縄密約を立証する公文書はすべて米国で開示された。密約は、私たちが日本の政治を理解しようとするときの視野を決定的なまでにふさいでいる。この国の姿は実は、私たちが内側から眺める姿とはまったく違っているのかもしれない。平和憲法という看板に安堵しているうちに、対テロ戦争下で自分たちを包囲する監視システムの建設にまで「貢献」させられていたように。

カメラス計画を明かすＮＳＡ文書は、こうした密約形成のプロセスを知らせる点でも、非常に貴重な資料と言える。SACO合意から10年越しの交渉には、様々な政府機関が関与した。NSA通信諜報本部は、電子通信の傍受を専門とするサイバー・スパイ集団で、密約の専門部署ではない。だが、「沖縄の負担軽減」を急ぐ日本政府の足下を見て、代償として設備強化を求めることに乗り出した結果、国防省内の他の部署と共同し、ハイランクな官僚の力添えと承認を求めて、国防副次官と面談を重ねた。最終的には、国防省のトップであるラムズフェルド国防長官と大野防衛庁長官にまで話が上り詰め、新設備の完成まで楚辺通信所を返還しないことで押し切った。

この交渉過程は、スノーデン氏が私に「実は秘密保護法はアメリカがデザインしたものです」と語った後に説明した、米国の日本への圧力のかけ方と符合する。秘密保護法の制定を米国が日本に求めたとはにわかに信じ難かった私は、いったいどういうプロセスでそれが実行されるのかを尋ねた。彼はこう答えた。

「日米間のやり取りは議題によりますが、まず一般的には政府内の担当部署の管理職同士が必要なことについて話し合い、次に双方の国を代表する機関の長同士のレベルへと上がっていきます。この場合（秘密保護法を指す）、横田基地内のNSA代表が日本側の同様の役職にある人物と話すというふうに。両者は望んでいる内容の理解について合意書を交わし、最終的にはNSA本部のハイレベルの代表あるいは国務省の代表が日本に来る、または日本側の代表が米国へ飛び、最終的な合意書にサインします。この合意に法的な拘束力はありませんが、政府の責任ある部署同士の政策合意なのです」

まさにカメラス密約のたどったプロセスである。スノーデン氏は続けた。

「もちろんこれらのプロセスはすべて秘密のうちに執り行われます。どの部分も公にされず、発表もされず、新聞に載ることもない。だからたとえ法律に抵触したとしても誰も気にしない。なぜなら公に知られることはないから、と少なくとも政府関係者は政治的に計算しているのです」

つまり、未来永劫秘密であれば、違法な密約を交わしても責任を問われることはないから、当事者たちは気にしない、というのだ。

これを聞いたときのゾッとした気持ちを私は忘れない。国会でも選挙でも問われることなく、新聞にもテレビにも現れることとなく、日々着々と積み重ねられていく政策合意という名の密約――ごく少数の者たちによる勝手な談合は、秘密に守られて、けっして責任を問われることがない。平和で自由な民主主義国のはずが、実は闇の決定に支配されている。しかも、カメラスは世界最大の暴力組織に最新監視技術を供与する合意だった。その監視装置の下に、いま沖縄は、日本は置かれている。

反基地闘争は見抜いていた

この章を終える前に、ひとつ留意しておきたい点がある。一見前進に見えたSACO合意の裏に密約があったことは、基地返還運動が失敗したということだろうか？　講演などで私が象のオリの話をすると、沖縄から日本の政治構造に地殻変動が起きるのを同時代の息吹として感じ、米軍基地問題が動き出したことに希望を抱いてきた人たちががっかりするのを感じる。記者として沖縄に通い、このうねりをつぶさに感じ、記者を辞めてから辺野古、高江の阻止行動に参加した私も、この失望を共有しないわけではない。

だが、私はそうではないと思う。密約の責任はあくまで日米両政府にあり、返還を求めた人たちではない。人々が求める基地の返還を率直に実行せず、実際は返還という外観だけつくって人々を騙した責任は為政者たちにある。と同時に、密約という結果は、軍事同盟を肯定し、それによって戦争に備える日米政府の交渉当事者の限界をも露呈している、と私は考える。

沖縄の基地返還運動は、平和憲法を掲げながら日米同盟・日米地位協定という治外法権を許容してきた戦後政治の虚妄を突き、これまでの政治イデオロギーと手法が、言葉の真の意味での人々の安全保障にまったく応えられないことを暴き出した。その意味で、沖縄の反基地闘争は戦後政治の真髄をもっとも明確にえぐり出すことに成功してきたし、密約は、立ち上がった人々の動きに動揺した日米両政府が、依然として虚妄を延命させようとひねり出した違法談合なのだ。

その意味ではスノーデン・ファイル公開のずっと前から、SACO合意全体にまつわる嘘に沖縄では多くの人たちが気づいていた。普天間飛行場の代替施設とされた辺野古の新基地建設を阻止する海上行動も、東村高江でのヘリパッド建設に反対する座り込みも、気づいた人々がいち早く取り組んだ。東村高江では、SACO合意で米軍の北部訓練場（国頭村、東村）が一部返還される代わりに、オスプレイ用のヘリパッド6基の建設が始まった。政府が工事現場周辺での人々の阻止行動を弾圧してヘリパッドすべてを完成させる16年末まで、米軍は象のオリ同様、すでに不要になった部分すら返さなかった。反基地闘争は返還に高い代償が繰り返し払わされることを身をもって知り、非暴力不服従でそれを押し返してきた。私は高江で初めて「本気」の阻止行動を体験したし、その始まりは創造性と対話に満ちていた。

が、大阪府警の機動隊員が座り込む人々に「この土人が」と発言したように、国は暴力と差別でもってこれに応えた（安倍政権はご丁寧に「土人発言」を差別ではないと閣議決定した）。反基地闘争に参加する人々の多くはまた、米軍基地の強化に反対するだけでなく、戦争に加担することを拒否する。軍事同盟を肯定する政府とはこの点で大きな差があるばかりでなく、人を殺さないという倫理性において次元を異にし、世界の平和という理想でずっと先を歩いている。

けれども一方で、96年の基地返還の政府発表にほとんど手放しで喜びかけた、私のような単純な人間がスノーデン・ファイルから学ぶべきは、権力の座にある者たちはそう簡単に利権を手放さないし、なんとかして危機を、自分たちに有利な形勢に転換しようとする、ということだ。しかもその権力が、軍事的な力で、産業とも組織的に結びついている場合にはなおさらだ。

米国が日本と交渉するとき、日本が求める以上の見返りを求めてくることは、もはや定式と言えよう。そしてこの交渉の場で、日本政府はタフな交渉相手であるどころか、ほとんど一方的に米国、いや米軍の要求をのんでいるようにしか見えないことを、極秘文書は知らせる。沖縄だけでなく、日本から米軍基地の撤去を求める声がかつてなく上がっていることを有効にアピールしているようにも見えないし、違法な密約と税金の支出を重ねることの危険性への注意を喚起する素ぶりもない。強いて言えば、裁判所が決定した米軍用地の使用期限を早期返還の交渉材料にしたことくらいだろうか。スノーデン氏が言うとおり、日本の政治家・官僚がけっして表沙汰にはならない、バレないからと安心してこんな体たらくを繰り返しているなら、秘密保護法の分厚いベールはもっとひどい怠慢をすでに現実化しているはずだ。

私たちの払った税金を、何十年にもわたって極秘裏に、湯水のように使って顧みず、戦争大国に奉仕する政府。安倍首相のトランプ大統領へのサービスぶりが「抱きつき外交」「接待外交」と呼ばれるように、歴代政権は米国の言うことを聞けば虎の威を借りられて安泰、と思ってきたのだろうか。しかし、奴隷根性が国際社会で尊敬を勝ち得ることはない。米国の軍人と政治家たちは抵抗しない日本政府を都合がいいと思いこそすれ、最終的には日本人は奴隷でいるのが好きなのだ、としか理解しないだろう。日米の不平等な関係には明らかに人種差別が含まれているが、抗議しなければ自発的に合意したとしか解釈されないのが個人主義の厳しい一面であることを、私たちは認識する必要がある。主人がいなければ奴隷はいないが、奴隷がいなければ主人もいない。つまり、不平等な密約を重ねても、日本にチャンスが回ってくるどころか、在日米軍への従属的関係はますます強化され、日本は巻き返しのチャンスをいっそう失っていくのだ。人種差別はノーと言わなければ、なくならない。

そして、基地の強化は監視の強化でもある。カメラス計画が示すように、米軍は日本で諜報活動を日夜実行している。スノーデン氏は「沖縄に集中する米軍基地はお飾りじゃない。巨大な監視能力を備えている」と言っていた。米軍の監視システムが強化されれば、日本政府の手の内もますます筒抜けになっていく。クリントン大統領が橋本首相に「沖縄の問題で何か言い残したことはありますか」と声をかけたのも、いま考えれば、首相の逡巡を知り尽くしたうえでの誘い水だった可能性がある。

米軍基地の撤去を望む人は誰も、新たな密約の判明に失望する必要はない。基地問題を動かした唯一のものが、反基地闘争だったのだから。スノーデン・ファイルは、反基地闘争が鋭く見抜いてきた「沖縄の負担軽減」という政府の茶番をはっきりと証拠づけた。放たれた真実は必ず、不平等な密約を結び、戦争に加担する政府の責任を追及し、抵抗を強める足場になる。いや、そうしなくてはならない。そのために、ファイルを読み進めよう。

第三章　アンテナとドローンによる戦争

横田基地はサイバー戦争の新中枢、三沢基地はハッキング最前線

ＮＳＡは前章で詳述した「象のオリ」の「移転先」米海兵隊キャンプ・ハンセン（沖縄県）以外に、米空軍横田基地（東京都）と同三沢基地（青森県）を、世界監視の主要拠点として使ってきた。米軍は沖縄と同様、他の地域でも日本の税金を使って最新監視設備を建設し、それらを用いて日本はもちろん、日米安保の枠組みから大きく外れる東アジア・中東地域も監視活動領域に入れていた。サイバー作戦の名の下に、通信傍受アンテナやドローンによって収集されたデータは、即時に「標的」の位置を予測し、「捕獲・殺害」作戦を実行することに利用される。目に見えないデータ監視は単なる観察にとどまらず、多くの誤爆や非戦闘員の殺傷につながっている。ますます攻撃的になるハッキングの手法は戦場と直結し、私たちのすぐそばで人間のいのちがやりとりされているのだ。

都心にあったＮＳＡの隠れ家

ＮＳＡの監視活動は対テロ戦争から始まったわけではない。ＮＳＡが発足した１９５２年は、

日本でちょうど米軍を主体とする連合国の占領が終了し、サンフランシスコ講和条約によって日本が独立を回復した年に当たる。この占領期直後から、ＮＳＡは日本で活動を開始し、しかも都心のど真ん中に拠点を構えてきたことを、２００７年10月23日付のＮＳＡ極秘文書「ＮＳＡの東京連絡所、新オフィスを開設」は記す。発信元は、在日アメリカ特別連絡顧問（The Special US Liaison Advisor Japan, 略してSUSLAJ）。これこそ、スノーデンが勤務していた横田基地内にある国防省日本特別代表部（DSRJ）のコード名であり、ＮＳＡ日本代表部である。

「在日アメリカ特別連絡顧問が東京都心に設けていた隠れ事務所は今月、正式に閉鎖された。ハーディ・バラックス内に位置し、これまで第五空軍技術連絡事務所として知られてきた場所は、ＮＳＡが長年にわたり、日本政府との通信諜報関係を維持する活動において中心的役割を果たしてきた。ＮＳＡと日本の通信諜報本部はさかのぼること１９５０年代から、通信諜報の分野で協力関係にある」

「ハーディ・バラックス」とは、東京・六本木にある米軍ヘリポートを指す。星条旗新聞社が併設されているため「赤坂プレスセンター」とも呼ばれてきた。矢部宏治『日本はなぜ、「戦争ができる国」になったのか』によれば、最も地価が高い地域ながらフェンス、ゲート、銃を持った警備員、オフィスビル（星条旗新聞社ビル）に宿泊施設があり、ヘリポートから軍用機が発着陸している「フルスペックの米軍基地」だ。横田基地や米海軍横須賀基地に降り立った米政府関係者は、ヘリコプターでこの六本木ヘリポートに移動し、都心へと自由に踏み出していく。

１９５７年の極秘文書で、アメリカ大使館が「数もわからない、非常に多くのアメリカの諜報機関と防諜機関のエージェントたちが、なんの妨げもなく日本中で活動している」と国務省に報告していることを、矢部氏は紹介している。

トランプ大統領が２０１７年11月、エア・フォースワンで横田基地に到着し、在日米軍と自衛隊を並べて演説したように、米政府要人が羽田空港や成田空港で入国審査を受けることなく日本へ入れることは、彼らにとって日本が米領土内であるのに等しい。追跡を避けたい諜報機関にとっても、基地はうってつけのバックドアである。六本木ヘリポート内にある星条旗新聞社ビルにＣＩＡなどの諜報機関が入っていることを地域住民は記録してきたが、ＮＳＡが60年以上も拠点を築いてきたことはこれまで知られていなかった。前章で触れた日米合同委員会が開かれる米軍施設「ニューサンノー米軍センター」も近接している。

文書が、ＮＳＡと「通信諜報の分野で協力関係にある」と記す「日本の通信諜報本部」(Japan's Directorate for SIGINT, 略してDFS) は、現在の防衛省情報本部電波部を指す。部署の名前は時々の組織編成によって変わりながらも、旧防衛庁時代（１９５４〜２００７年）から一貫して電波部門がＮＳＡの対応組織を務めてきた。つまり電波部は、ＮＳＡが六本木ヘリポートを都心の隠れ家としてきたことも長年知っていたわけだ。

文書は歴史を振り返りながら、隠れ事務所移転の理由をこう述べる。

「ＮＳＡの日本との関係を次のレベルに引き上げるため、在日アメリカ特別連絡顧問は東京のアメリカ大使館内にまったく新たな衛星事務所を開設し、日本の通信諜報本部と第三パーティの任務に使ってきた重要な作戦機材を、横田空軍基地（東京の28マイル北西）にある特別連絡顧問の主要施設に移した。大使館内のこの新たなオフィス（SUSLAJ―Tokyoとして知られることになる）は、ＮＳＡが日本とともに実施している相互的な諜報活動において、米大使と米諜報コミュニティー代表者たちと連携する能力を向上させ、大使館が通信諜報のファースト・クラスの援助を受けられるよう確約する」（カッコ内原文ママ）

この短い段落が明かす新事実は数多い。まず、ＮＳＡは日本政府と監視活動を「相互的」(bilateral) に行い、協力関係にあると繰り返し述べていること。

次に、その日米の監視協力は強化され、「次のレベル」へと秘密の共有の度合いを深めており、それが隠れ事務所移転の目的であること。つまり、防衛省が諜報活動を行ってＮＳＡに情報を提供し、ＮＳＡも防衛省に情報を提供するという、日米両政府が否定して止まない監視活動とその拡大が、ここにはっきりと書かれている。

三つめに、諜報機関による盗聴・監視行為というこの「特別連絡」業務に、外交の表玄関であり、国務省（米国の外務省）の管轄であるアメリカ大使館が関与し、07年からはＮＳＡの主要拠点となっていること。大使館はＮＳＡに場所を提供するだけでなく、ＮＳＡが合法・違法を問わず集めてきた情報を求め、「ファースト・クラス」のサービスを受ける上顧客でもある。さらに、アメリカ大使館内にはすでに「諜報コミュニティー」、つまり同じくスパイ活動を行うＣＩＡやＦＢＩが存在し、ＮＳＡは大使館内に移ることでこれらの機関と連携を強化しようとしていること。

最後に、六本木ヘリポートにあった監視機器は、在日米軍司令部のある横田基地を目指したこと、である。

以上はすべて、スノーデン氏がインタビューで私に語った内容を裏づける。

「僕が日本にいたとき、横田基地のNSAのビルには日本側のパートナーたちがよく訪ねて来ました。彼らは僕らの居場所を知っていて、それをまるで世界一の秘密のように扱っていた。というのも、我々がスパイ活動から得た情報を彼らと共有していたからです」

防衛省がNSAと公にできるような関係にあったなら、こそこそする必要はない。NSAが横田基地内に存在すること、それ自体が「世界一の秘密」として扱われてきたのは、紛れもなくNSAが日本の法律を超えた存在だったからだ。NSAの監視活動の違法性と、それを知りながら、協力してきた防衛省の恐れを示唆する。

NSAと防衛省の連携が強化されていった過程を、スノーデン氏はこう描写していた。

「日本の軍隊はこれこれの情報がほしいと我々に頼む。すると僕らはこう答える。『お探しの情報そのものは提供できません。あなた方の法律は私たちにとって望ましいかたちではないので。けれど、もう少し小粒の別の情報で役に立ちそうなものを差し上げましょう』。これは先方の顔を立てて、まあよしと思わせるためです。そしてこの情報を棒にぶら下げたニンジン、つまりエサにして、続けます。『けれども、もしあなた方が法律を変えたなら、もっと機密性の高い情報も共有できます。現在のシークレットからトップ・シークレットに機密レベルを引き上げることもできる』と」

つまりNSAも、スパイ活動で集めた情報を防衛省に提供すれば違法性を問われる可能性があると認識している。だから情報は小出しにし、同時にそれをテコにして日本の法律を変えるよう防衛省に働きかけてきた。その成果が２０１３年の特定秘密保護法であることは、序章で述べた。防衛省がＮＳＡに何を提供してきたかは明らかになっていないが、「相互的な諜報活動」が強化されるにつれて、違法な監視を合法化する法律がつくられ、違法と合法の境界線が修正されていった。言葉を換えれば、通信の秘密など基本的人権や情報の自由・公開を保障する法律はスパイ活動にとって障害であり、違法な監視活動は法律の保護領域を侵食しながら膨張している。よく日米会談に登場する「日米の情報連携」という用語の指し示す実態が、単に両国間を行き来する情報量の増大や流通の一体化だけでなく、非合法な監視活動の拡張でもあることを、この文書は明らかにしているのだ。

米大使館はスパイのアジト

そんな裏世界の諜報活動にアメリカ大使館が拠点を提供し、米大使がスパイ活動の恩恵を恒常的に受けているという事実は衝撃的だ。文書には、在日アメリカ特別連絡顧問代表とＪ・トーマス・シーファー大使が大使館内のＮＳＡ新オフィス開設を記念する写真を掲載している（公開文書から写真は削除されている）。

「在日アメリカ特別連絡顧問はハーディ・バラックスの隠れ事務所を施設の位置に関する実力保護の問題から閉鎖した。これは隠密作戦がもはや必要とされないという判断と、東京にいる他のアメリカ諜報コミュニティーの代表者たちともっと緊密な共同作業を確立しようとする努力でもある」

２０１５年に内部告発サイト「ウィキリークス」が暴露したＮＳＡによる大規模盗聴事件「ターゲット・トーキョー」は、東京・赤坂にあるアメリカ大使館の周辺が主な舞台だった。ＮＳＡは霞が関にある内閣府、経済産業省、財務省や、日銀、同職員の自宅、三菱商事、三井物産など計35回線を盗聴し、対米交渉や国際会議の前に日本政府の手の内を米国政府内に伝えていたことが、機密文書によって明かされた。アメリカ大使館がこの盗聴作戦の拠点だった可能性は大いにある。ＮＳＡがこれらの官庁、企業から盗み聞きした情報は、テロとも安全保障とも無関係な金融、貿易、エネルギー、環境政策についてだった。つまり典型的な外交スパイ、経済スパイ活動であり、これらの情報を入手したいのは国務省や商務省だ。他にもＮＳＡがホワイト・ハウスやＣＩＡを「お得意様」にしていることがすでに報道されている。

諜報機関が米国政府内で足場を広げることは、外交が軍に依存を強めていくことでもある。スパイが差し入れる秘密情報は、米国政府のエリートたちにとっても抗しがたい蜜の味なのだろう。ＮＳＡの政府全般への浸透は、米軍と国防省の発言権を政府内で強め、米国の対外政策にも否応なく影響する。国務省がときに国防省の代弁者であるかのような米国の強圧的な外交を裏側から説明するかのようだ。

前出のボールとタンターの『ビジュアルガイド』によれば、東京のアメリカ大使館に「ＮＳＡの特殊収集部隊」が存在することは１９８６年、米国人ジャーナリスト、シーモア・Ｈ・ハーシュが初めて明らかにした。ハーシュはベトナム戦争のソンミ村虐殺事件を暴いてピューリッツァー賞を受けたジャーナリストで、83年の大韓航空機爆破事件について調査した著書『目標は撃墜された』で、東京のアメリカ大使館がスパイ活動の拠点となっていることを暴いた。それによれば、ＮＳＡ特殊部隊は「大使館内の謎の区画」で活動し、そこで働く翻訳者たちは「非常に熟練している」という。大韓航空機がソ連の戦闘機によって撃墜された直後から、この部隊は稚内で航空自衛隊が傍受したソ連の通信を録音したテープの品質を向上させ、内容の翻訳に当たるよう依頼された。１９９０年代初め以降、この盗聴部隊はＮＳＡとＣＩＡの合同特別収集部隊へと再編成されたという。

アメリカ大使館は前述のように首相官邸や外務省などのすぐ近くに位置するが、ボールとタンターはアメリカ大使館だけでなく、同じく赤坂に位置するカナダ大使館も、ＮＳＡと連携する盗聴設備を構えている可能性に触れている。カナダの諜報機関、通信安全保障局（ＣＳＥ）は長年、日本のＮＳＡと協力関係にあり、１９９０年代初めに多くの電子機器がカナダ大使館に運び込まれ、外務省以外からのスタッフが幾人も入って機材をテストしたという。これはＮＳＡとＣＩＡの合同特別収集部隊が支援する盗聴プログラムだと、ボールとタンターは記述する。

では、60年近くにわたって秘められてきた六本木ヘリポートのＮＳＡ部隊を、なぜもはや隠す必要がなくなったのか。文書は説明を加える。

「ＮＳＡの日本とのパートナーシップは、米国政府が全体として強調し続けている日本との戦略的な同盟関係とともに重要性を増し続けている。２００５年に米国務長官、国防長官と日本側代表者が署名した安全保障協議委員会文書は、日本における永続的な米軍の駐留のために、日米が共通の戦略的目標を確立し、軍の役割、任務、能力を見直し、再編成を実施するための政策と、これに続く政治の主導権を打ち出した。ＮＳＡと諜報コミュニティーはこれらの主導権を支える重要な役割を担い、米日間の情報共有を強化し、諜報協力の達成を確実にすることで、日本は米国の諜報パートナーとして次のレベルに引き上げられるだろう」（傍点筆者）

文書のいう05年の安全保障協議委員会とは「日米２＋２協議」を指し、当時の小泉（純一郎）政権から町村信孝外相、大野功統防衛庁長官、ブッシュ政権からライス国務長官、ラムズフェルド国防長官が出席している。この２＋２合意は確かに「米軍再編」を打ち出したが、表向きはあくまで米軍基地が集中する沖縄の「地元負担の軽減のため」と強調されていた。米軍再編が、米軍が日本に永続的に駐留することを目的にしているとは一切報道されなかったし、ましてその計画が、日本でＮＳＡ監視システムが根を広げ、防衛庁とスパイ活動を共同で実施することまで含んでいると、誰が考えただろうか。しかし当然、合意書にサインした４人の両国代表者たちは知っていたはずだ。発表される合意の裏に、常にへばりつく秘密合意。これもまた前章で追及した日米間で積み重ねられてきた密約群の一部といえる。

文書は最後にこう注を付している。

「東京のアメリカ大使館にＮＳＡが存在していることは機密情報ではない。しかし、この事実は政府内だけで共有され、一般には公開されない。そして機密化されていない回路では、ＮＳＡ事務所は『国防省日本特別代表部・東京』という名前を使用する」

２００１年の「対テロ戦争」開始後、ＮＳＡが全世界の通信を「すべて収集する」という新方針を立ててから、この時点で6年。日本での存在が戦後一貫して秘められてきたNSAが、もはや隠れる必要を感じなくなるほど日本の防衛省と連携を深め、違法に集めた情報の共有は「次のレベル」へと移行した。しかし、隠す必要がなくなったのは政府内だけでのことであり、NSAの活動は依然として法の番外地にあり、私たちの前には秘密の壁が立ちふさがっている。

横田基地の変貌——オスプレイ配備

東京都福生市、瑞穂町、武蔵村山市、羽村市、立川市、昭島市にまたがる広大な横田基地を2017年7月下旬、フェンスの外側から訪ねた。焦げつくような夏の日射しのなかで、ゲートに設置された監視カメラが頭上から私を見下ろしている。

地元の人たちに案内してもらい、北側にある小高い丘の上から基地を臨む。3000メートルを超える滑走路はほぼ南北に伸び、滑走路に沿って西側に格納庫、すぐ後ろに第五空軍司令部と在日米軍司令部が管理棟、通信塔を構える。その南側には中学校や高校、テニスコート、体育館、ゴルフ場などの教育・スポーツ施設があり、国道16号線を挟んだ北側には小学校、幼稚園、高層住宅にテラスハウスと住宅街が形成され、ショッピング・モールやレンタカー店などの商業・娯楽施設が軒を並べる。住宅街は滑走路東側の格納庫の後ろにも広がり、ゴミ焼却場や病院もある。すべてフェンスの内側、米軍兵士と家族のためのミニ・アメリカが横田基地だ。

他の多くの米軍基地と同じように、横田基地も旧日本軍の施設だった。陸軍立川飛行場の付属施設として1940年に開設された多摩飛行場は敗戦後、米軍に接収され、横田基地と命名された。戦争の設備は、次の戦争の主たちを連れてきた。１９５０年に朝鮮戦争が始まると極東空軍爆撃司令部連隊が駐留、戦闘機や爆撃機が激しく往来した。56年から軍用機の大型化・ジェット化に伴って基地の拡張が図られ、日本政府は周辺地域を接収し、滑走路を延長。ベトナム戦争の出撃基地となり、周辺地域への爆音被害が増していく。爆音のみならず、戦闘機やヘリコプターの墜落、航空部品や模擬爆弾が民家や農地に落下する事故も多数発生した。戦争のシミュレーションとトレーニングに明け暮れる基地が地域に及ぼす危険は、世界中どこでも似ている。政府用語でいう「地元の負担」とは、昼夜なく轟く爆音に耐え、墜落の不安に怯えるだけではなく、ヘリコプターやエンジン部品がある日頭上から降ってきたり、酒に酔った米兵に襲われたり、個人の肉体にまで及ぶ暴力を含んでいる。

米軍は戦争のたびに周辺住民になんの遠慮もなく機能を改変し、横田基地には様々な戦闘機、爆撃機、輸送機、偵察機が飛来してきた。早朝も夜間も予告なしに離発着する米軍機の騒音に、周辺の住民たちは訴訟団を結成し、１９７６年から飛行の差し止めや損害賠償を求めて何度も国を訴えている。基地被害に取り組んできたこの人たちは、ベトナム戦争後に長く軍用輸送機の中継地として使用されてきた横田基地が、対テロ戦争下の米軍再編で明らかに機能を変化させてきたことを実感している。私が見下ろしている基地の北側から、米軍新型輸送機オスプレイが滑走路に降り立つことを、横田基地公害訴訟原告団長の福本道夫さんは教えてくれた。

地元はいま、オスプレイ配備で揺れている。２０１２年7月に米海兵隊岩国基地（山口県）から陸揚げされ、沖縄の普天間飛行場へ配備されたオスプレイは、２年後の14年7月から横田基地にやってきた。正式配備ではなかったが、米軍はＮＳＡの監視活動と同様、日本政府と協定を結ぶ以前に「運用」枠で行動範囲を広げ、既成事実化していく。17年までに２００回以上の離発着を繰り返した後、横田基地はオスプレイの訓練拠点として位置づけられた。福本さんたちは「オスプレイ横田配備反対連絡会」を結成し、外務省、防衛省に配備の見通しを問い合わせてきたが、「日本政府は米軍の方針をほとんどわかっちゃいないようですよ」と話す。政府の見通しは二転三転し、そればかりか環境被害や過去のオスプレイ事故の内容について質問しても、「承知すべき立場にありません」「お答えすることは困難である」という紋切り型の回答を連発してきた。米軍から完全に蚊帳の外に置かれているのか、米軍の目くらまし作戦に加担しているのか。住民に対する説明責任を果たさないまま、政府は18年8月、在日米軍が横田基地にオスプレイ5機を正式配備する、と発表した。

横田配備の5機は、すでに普天間飛行場に配備されている海兵隊用の機種ＭＶ22とは異なる空軍用の機種ＣＶ22で、国内での配備は初めて。敵地に潜入して人質を奪還する特殊作戦などへの使用を想定しているため、夜間飛行や低空飛行、小銃・重機関銃の射撃訓練も伴う。米軍は横田を「敵地」と想定する訓練を増やしていくのだ。

普天間飛行場と同じように、横田基地の周りにも「普通の生活」がある。多摩川と狭山丘陵の間で、真夏の緑が生い茂る市街地には都心より明らかにゆったりとした時間が流れ、郊外型の商業施設とともに学校、幼稚園、保育所、病院、福祉施設がひしめいている。その頭上を、世界各地で墜落と炎上を続けてきたオスプレイがこれから頻繁に行き来する。

離陸時は通常のヘリコプターのようにプロペラを上に向けて垂直に浮上し、そこからプロペラを機体と平行に転換させて飛行機のように前進するオスプレイは、素人にもわかるような構造上の弱点を抱えている。にもかかわらず、米軍は墜落のたびに「人為的なミス」を強調し、機体の欠陥を認めない。米軍にとって嘘をつくことは事故処理の一環のようで、日本政府もそれに加担する。２０１６年12月に沖縄県名護市沿岸でＭＶ22が墜落した際は、墜落ではなく「不時着水」だと言い張った。琉球新報を除くほとんどの新聞が、そのまま「不時着水」として報道した。当の海兵隊は部内紙で「crash」（墜落）と呼んでいるのに、である。

オスプレイ配備だけでなく、横田基地への米軍機全体の飛行回数も増加している。福生市の調査によれば、04年度から12年度までの年間飛行回数が８千〜９千回台だったのに対し、13年度以降は１万〜１万２千回台と、１・５倍近くに急増した。輸送機の中継地としての仕様から、戦闘機部隊の飛来やパラシュート降下訓練の実施、在韓米軍機や韓国空軍機の往来など、新たな戦争のシミュレートが始まっていることが確認できる。

アンテナ工場に約8億円

スノーデン・ファイルは、こうしてフェンスの外側からうかがっただけでは分からない基地機能の変貌を明かす。２００４年7月21日付のＮＳＡ極秘文書は、この７１３６平方キロメートルの横田基地敷地内に同年、「工学支援施設」と呼ぶアンテナ工場が完成したことを祝って記録している。

「アジアと太平洋地域で過去40年にわたり、通信諜報収集アンテナや関連する通信機器を他に類のない即時対応の速さで修理し構築し、人もうらやむ経歴を築いてきたNSA日本代表部の工学支援施設は今年、また重要な一里塚を築いた。日本の横田空軍基地内の新たな一角に移転したのだ」

完成記念式典のリボンカットの写真をはさんで、文書は続ける。

「この660万ドルをかけた、3万2430平方フィートの最新技術設備費はほとんどすべて、日本政府によって支払われた。NSAはそこに内部整備のための93万9000ドルを放り込み、工学支援施設はいまや、すべての材料と機械をサポートするのに十分な広さと設備、インフラストラクチャーを有している。ここはまた、7人の設計者、機械工、周波数の専門家たちの職場でもある（この人たちの給料——年間約37万5000ドルに上る——もまた、日本政府によってすべて支払われている）」（カッコ内原文ママ）

アンテナ工場建設費用の660万ドルは日本円で約8億円、そこで働く職員たちの給与37万5000ドルは約4500万円に当たる。沖縄と同じく、日本政府は本州でもNSAの監視設備に巨額の税金を注ぎ込んでいたのだ。

前章でも言及したが、こうした支出は「思いやり予算」と呼ばれる在日米軍駐留経費（17年度予算は1946億円！）などに丸め込まれることが多く、国会や市民のチェックはまず及ばない。このうち米軍施設の建設は「提供施設整備費」に含まれ、在日米軍司令部が要望するリストから防衛省地方協力局が選ぶというが、防衛省は「米軍の態勢に関わる」として個々の物件を明かさない（17年7月21日付朝日新聞）。実際には何の施設か知らないのかもしれない。日米安保条約では、米軍が使用を許される日本の施設は「極東の平和の維持」を目的としたものに限定されているが、それが守られているかは確認できない。横田基地では00〜04年に「工場」費目で40億円が支出されたという。NSA文書に記された8億円をはるかに上回り、アンテナ工場が氷山の一角であることを暗示する。

防衛省のサイトによれば、安倍政権はこの「提供施設整備費」を16年度から5年間、各年度206億円を下回らないようにする、と米政府に約束した。使途も決まらないうちから巨額のつかみ金を米軍に保証し、民主的な議論を避ける密約の制度化は、ここでも顕著だ。

ネット監視とドローン攻撃の拠点

04年文書はさらに、この新アンテナ工場が、米陸軍キャンプ座間（神奈川県）内の旧施設を閉鎖して、横田基地内のNSA代表部と同じ場所に移転する利点を説明する。そして工学支援チームが日米安保で規定された「極東」地域を遥かに超える「アジア、太平洋、そして実際には担当地域外である世界中で、全世界クラスのサービスを提供する努力を続けてきた」と明かす。このチームが製造したアンテナのよく知られた使用例として、アフガニスタンでの対アルカイダ攻撃や、韓国の諜報機器のアップグレード、タイでの情報収集を挙げる。

「工学支援施設とその才能ある要員たちは今後も常に、脅威を与える者たちから情報を収集するためのアンテナを修理し製造する最前線に立ち続ける。バルカン半島方面作戦や『イラクの自由作戦』、『不朽の自由作戦』、中南米での対麻薬作戦、キプロスでの情報収集装置やそれ以外のどこであっても、これまで知られてきたような即時対応と高品質の特殊無線周波製造品によって必要性に応えていく」

「不朽の自由作戦」は01年10月のアフガニスタン攻撃、「イラクの自由作戦」は03年3月のイラク侵略を指し、米軍はアジア、ヨーロッパ、中南米を含め、世界中に展開している。その駐留地でいまや真っ先に配備されるのはアンテナやドローンといった監視機器であり、「標的」についてのあらゆる情報を遠隔的に収集する。インターネット、携帯電話などから位置情報を割り出し、行動を予測し、急襲。２０１１年5月の米特殊部隊によるアルカイダ指導者オサマ・ビンラディン氏の殺害には、まさにこうした監視技術が総動員されたとされる。ＣＩＡは同年8月、同じパキスタン国内でアルカイダの「ナンバー2」とされるアティヤ・アブドゥルラフマン氏をドローン攻撃で殺害している。つまり盗聴アンテナは米軍の主要装備になるとともに、その威力が及ぶ範囲を米軍の戦場に変えてしまった。監視の機器によって集められたデータをもとに実行される宣戦布告なしのドローン攻撃は、誤爆や無関係な人々を殺害する温床にもなっている。こうした無慈悲な作戦を可能にするアンテナの生産拠点が、私たちの支払った税金で建設され、人件費・維持費が賄われ、私たちの知らない人たちの身体を貫いてきたのだ。

この文書が書かれた5年後、スノーデン氏は横田基地に赴任した。彼は表向き大手コンピュータ会社デルの一社員、民間人に偽装して来日し、基地内のＮＳＡで約2年間、サイバー防諜システムの開発に従事した。ＣＩＡやＦＢＩなどの「諜報コミュニティー」と互いの技術を学び合う「合同防諜訓練アカデミー」を開催し、講師を務めたというから、横田基地が軍を超えたインターネット監視の拠点になっていることがわかる。

それを裏づけるかのように、私が訪ねた日、横田基地には無人偵察機グローバルホーク2機の姿があった。同機はまさに対テロ戦争の上空で攻撃対象のデータを収集してきた米軍の「眼」だ。通常の航空機の約2倍の高さ、高度6万5千フィートの航行が可能で、全長約15メートルの機体を地上から認めることは困難だ。機体より長い約40メートルの両翼で滞空し、搭載された高性能カメラで地上の画像を撮るだけでなく、携帯電話やパソコンから情報を吸い上げることもできるという。米空軍によってグアムに配備されていたが、2013年の「日米2+2協議」で日本への展開が公表され、翌年から三沢基地を拠点に移した。17年の三沢基地の滑走路改修工事を理由に、横田基地に「暫定措置」として留まるようになり、離着陸時は横田基地内の地上装置から遠隔で操縦し、離陸後は衛星通信によって米本土から操縦するという。日本から中東地域へも飛行可能な最新鋭の空飛ぶ監視装置だ。

NSA代表部やアンテナ工場は横田基地内のどこにあるのか。外観からは特定できなかったが、長年基地を観察してきた福本さんは「在日米軍司令部内か、その周辺にNSA代表部があると考えるのが自然でしょう。司令部には地下設備があり、核攻撃があった場合に指揮系統を守る構造になっているらしいです。そういえば何年か前、司令部のあたりにクレーンが何本か立ち、工事が続いていました」と話す。滑走路の東側には、航空エンジンなどを生産・修理するIHIの瑞穂工場が隣接する。時には基地に面したゲートが開いて何かを運び入れているという。基地のバックアップには好都合だ。

在日米軍司令部の真向かいには12年、航空自衛隊の航空総隊司令部が移駐し、米軍との基地共用を開始した。二つの司令部は地下でつながっているという。かつて存在そのものが極秘であったNSAは、確かに日本での活動を「次のレベル」に進化させているのだろう。アンテナとドローンを駆使する米国のサイバー戦争の新拠点・横田基地で、自衛隊は実際になにをどこまで「共用」しているのか。

フェンスの外側からは、秘密に包まれたデータ収集の実態も、戦場の血腥さも感じられない。しかし、このネット監視の世界拠点で高度の機密にアクセスする権限を得たスノーデン氏は、「そこで目にしたものについて心底悩むように」なった。グリーンウォルド氏にこう語っている。

「無人機によって殺される運命にある人々の監視映像をリアルタイムで見たこともあります。村全体や人々の様子が、手に取るように見えたんです。さらに、NSAはインターネットに打ち込まれる文字をリアルタイムで監視しています。そうしたことから、アメリカの監視能力がどれだけ人々の権利を侵害し、強大になっているかということに気づきました」

「日本のNSAで多くの時間を過ごすほど、こうしたすべてを自分の中だけに留めておくことはできないと感じるようになっていきました。すべてを公の眼から隠すことを事実上手助けしていることに、苛まれるようになったんです」（前出『暴露』より）

私たちもまた、米軍に攻撃基地と資金を提供する日本政府を通じて、名も知らぬ人々のいのちを奪うことに手を貸している。それを知ったとき、私たちの良心はどう応えるのだろうか。

日本には世界最多の監視設備

在日米軍の諜報活動を研究してきたボールとタンターは、アメリカ大使館と米空軍横田基地、キャンプ・ハンセンに加え、米空軍三沢基地、米海軍横須賀基地、米空軍嘉手納基地の計6カ所を主要な通信諜報の拠点として挙げている。少しでも在日米軍の監視活動の全体像に近づくために、第二章で紹介した彼らの労作『ビジュアルガイド』の力を借りて、歴史的変遷をたどる。

在日米軍は占領期から、日本列島各地に通信諜報（ＳＩＧＩＮＴ）施設をつくり始め、施設はいわゆる米ソ冷戦のピーク時にはおよそ１００カ所にまで膨らんだ。ボールとタンターが作成した一覧表によれば、72年まで米軍統治が続いた沖縄県内の施設が25カ所と突出して多く、神奈川県が16カ所でこれに次ぐ。神奈川県には横須賀基地と空軍厚木基地、陸軍キャンプ座間があり、２０１５年に返還された横浜市内の海軍基地・上瀬谷通信施設も長年、ＮＳＡの情報収集地点だった。三番目に多いのは12カ所の東京都で、アメリカ大使館と横田基地だけでなく、部分的に返還が進みながら現在も鉄塔が残っている空軍の府中通信施設、77年に返還された立川基地などにも盗聴設備をつくってきた。

日本列島北部では三沢基地のある青森県に９カ所。北海道は72年まで米軍のレーダーが設置されていた稚内や、75年まで米軍が駐留していた千歳など６カ所。冷戦最前線に位置したこれらの監視機器は、主にソ連の通信傍受を受け持ってきたが、90年代からは後述するように「エシュロン」盗聴網の主要拠点として、同盟国であるはずの西側諸国の民間電話、ファックス、メールを国際通信衛星から積極的に傍受してきたことが判明している。日本列島南西部では、米軍の板付飛行場として朝鮮戦争の出撃地となり、現在も敷地の約14％が米軍基地であり続けている福岡空港、16年に返還されたばかりの背振山通信施設など福岡県に6カ所。その他、千葉県に4カ所、愛知県と京都府にそれぞれ3カ所、山形県と埼玉県に各2カ所、宮城県、山口県、新潟県、長崎県にも各1カ所と、米国の世界監視網はまさに日本列島中に張り巡らされてきた。

米軍は冷戦中、西欧にも集中的に監視拠点を建設したが、日本は少なくとも冷戦期まで世界で最も多くの監視拠点を米軍に提供した国だという。NSAは1967年にその理由を、日本は「敵に近く、通信諜報拠点として理想的。そして米軍占領期からのいわば従属的外交地位にあるため」と説明し、特に占領が継続する沖縄は「アメリカにとって空を飛んで通信を集めてきてくれるようなもの」と報告している。

これら日本国内の監視拠点で働く米軍要員は、60年代後半のピーク時には計約6000人にも上った。稚内（北海道）で50年代後半～60年代に約500人、上瀬谷（神奈川県）で60年に1500人、恩納岬（沖縄県）では65年に865人、トリイ・ステーション（同）で68年に700人以上、すぐ近くの象のオリでは60年代後半～70年代に500人、そして三沢（青森県）で83年に1900人以上が配置されていた。現在でも、計1000人もの要員が日本で盗聴・監視活動に従事していると見積もられている。ゾッとさせられる数だ。

インターネット時代に入り、NSAは専ら通信衛星を通じて上層空間を行き来する電磁波に乗って「移動中」の情報をかすめ取る段階から、データベースやコンピューターの内蔵ディスク、ハード・ドライブなどで「休止中」の情報も吸収し尽くし、操作する段階へと駒を進めた。日本に駐留する監視部隊はただ標的を観察しているだけではなくて、日本から遠く離れた紛争地域での戦略レベルから作戦・戦術レベルまで、つまり戦闘に直接関係する無数の任務を遂行してきた。米国の核戦争計画にも直接関わってきたという。

こうして米軍の監視拠点の推移をたどっていくと、これが在日米軍の動き全体を知ることにほとんど等しいと気づく。冷たい戦争と呼ばれた時期にも、米軍はアジアで最新兵器を大量投入して熱い戦争を続行し、日本人が「平和」と思っていた時期にも、隣国の人々への軍事攻撃を支えてきたことがわかる。

1952年のNSAの設立自体が、実はアメリカの極東戦略と深く関わっていた。1949年に国防長官令に基づいて発足した軍安全保障局（AFSA）は通信諜報分野を担当したが、50年6月に朝鮮民主主義人民共和国（北朝鮮）軍が韓国側に侵攻することを予測できず、続く中国・人民解放軍の参戦についても警告を発することができなかった。トルーマン大統領は軍安全保障局の見直しを命じ、陸海空軍それぞれの諜報部隊に依存している軍安全保障局の指揮系統の不効率性が報告された。この報告が、国防長官の直轄組織として新組織NSAを設立することにつながったという。つまり他国の情勢について事前に情報を集め、より速く米軍の攻撃態勢をつくることがNSAの変わらぬ目的であり、戦争の初動に関わる監視施設を配備するのは、「従属的外交地位」にある日本が好都合だった。

NSAの設立に伴って、横須賀基地にあった軍安全保障局極東司令部はNSA極東司令部に置き換えられ、54年10月にいったんハワイの真珠湾にNSA太平洋司令部として移転する。その後、57年7月にキャンプ淵野辺（神奈川県相模原市、74年11月に返還）に移転するが、62年に本隊はハワイへ再び戻り、キャンプ淵野辺には支部としてNSA太平洋司令部日本代表が発足する。キャンプ淵野辺は当時、米陸軍極東司令部があったキャンプ座間の補助基地として連絡も警備もしやすく、東京にも近いので選ばれたようだ。NSA太平洋司令部日本代表部は64〜65年にかけてキャンプ座間へ移転し、60年代後半から表向き、国防省日本特別代表部と呼ばれるようになる。74年に在日米軍司令部と第五空軍司令部が横田基地に移転した後の70年代後半に、NSA日本代表部も横田基地へと引っ越したと見られる。

空から情報を吸い上げるサイバー飛行部隊

米軍はこうして占領期から日本を世界最大規模の監視の砦に変え、今日まで常に装備を最新鋭に更新しながら唯一の超大国としての地位を保ってきた。が、この監視機能は戦後70年にわたって深く隠されてきたため、私たちはそれをずっと知らず、監視という視点から米軍問題を考えることはほとんどなかった。スノーデンの告発はその意味で、地球規模に広がったインターネット監視に光を当てただけでなく、米軍基地の機能そのものについて考え直す契機を提供している。日米政府の密約によってどれだけ私たちの知識が長年遮断され、関心を持つことすら困難だったかに気づくとき、秘密が政治意識に及ぼす甚大な影響に立ちすくむような思いにかられる。しかし、私たちに立ちすくんでいる暇はない。隠されてきた事実と奪われた関心を取り戻す、千載一遇のチャンスを活かさなくてはならない。

『ビジュアルガイド』はこの点で非常に重要な情報源なので、横田基地と三沢基地の監視機能の変遷に絞ってもう少し引用を続ける。

横田基地には朝鮮戦争の開始とともに偵察飛行隊が早々に配置されていた。１９５６年までに、ハワイの太平洋空軍司令部は、横田から飛び立った偵察機が収集してきた電子通信情報を解析するための設備を追加。朝鮮戦争の停戦後も、朝鮮半島、中国、ソ連、その他アジアに成立した社会主義政権の情報を上空から収集し続けた。67年にはベトナム戦争のため、無線とレーダーを傍受する新たな通信諜報機ＲＣ－１３５Ｍを配備し、沖縄から台湾を横切って中国大陸へ出、沿岸を南下してベトナムへ至り、トンキン湾上空を旋回して数時間内に横田へ戻るルートを繰り返し飛行したという。しかし翌年、ＲＣ－１３５Ｍは横田から外される。当時の顛末を退役軍人はこう語る。

「我々が東南アジアでの作戦任務に関わっていることを知るや否や、日本政府は我々を横田から蹴り出した。部隊は嘉手納に移転させられた。なぜなら沖縄はまだ米軍統治下だったからだ」

これは日米安保の「極東の安全保障」という枠組みがこのころまでは日米両政府の間で意識されていて、米軍の活動に一定の歯止めをかけていたことを示している。在日米軍が地球の裏側までを活動領域にしている現在とは大違いだ。ただし、そのしわ寄せは日本の独立から切り離され、米軍統治の続く沖縄に集積していく。

70年代の初めには、横田には中国語、ロシア語、朝鮮語、ベトナム語の通訳者たちが常駐し、偵察機が集めてきた情報を分析した。が、ベトナムでの敗戦で偵察任務は縮小され、対ソ連の任務は三沢へ、対中国、朝鮮半島、ベトナム関係の任務は嘉手納へと移転する。

　米軍は陸海空軍そして海兵隊がそれぞれ複数の諜報部門を擁し、頻繁に合理化と改変を繰り返してきた。横田基地のＮＳＡ要員は陸海空軍の情報通信技術者で構成され、メリーランド州フォート・ミードにあるＮＳＡ本部が派遣する民間人も参加している。スノーデン氏もこの一人だったといえよう。横田にはＮＳＡと連携し、実際に情報を収集する諜報飛行隊が複数駐留し、このうち第３１５諜報飛行隊は１９９３年から活動を開始した。97年には第３１５諜報飛行隊にはＮＳＡ要員と合わせて計80人が勤務し、その任務は「太平洋戦域で情報における支配的な地位を達成するための地域的、国家的要請に応える情報作戦」を実行すること、と定義されている（傍点筆者）。

　２００７年には第３１５諜報飛行隊は第３１５ネットワーク戦争飛行隊と名称を変え、「戦闘司令官たちに無数のサイバー情報を届ける飛行士たちのユニークな訓練の場」であると同時に、「ネットワーク戦争作戦を最先端でリードする強化された能力と専門飛行要員を空軍に提供する」と空軍機関誌が描写している。横田基地のＮＳＡ日本代表部は、三沢と沖縄にも出先機関を持っている。

　スノーデン氏が赴任した09年には、横田はサイバー戦争の要所としての設備を兼ね備え、特定のインターネット使用者やネットワークにも積極的に攻撃を仕掛けるようになった。この攻撃はコード名で「タービュランス（激動）」と呼ばれ、前出の検索エンジン「エックスキースコア」の巨大データベース群に情報を提供している。そして、このエックスキースコアのために情報を収集するのが、後述する三沢基地の「レディラブ」（LADYLOVE）作戦で、米軍基地が日本列島を包み込んで緊密に情報を注入し合い、複数の監視プログラムを成立させる構造を発達させたことが見て取れる。

１９９０年代にインターネットが普及しはじめ、監視の主要舞台がネットへと移り始めるとともに、ブッシュ政権の新自由主義的な政策の一環として軍事の外注化、民営化が始まる。横田基地のＮＳＡ本部や関連部隊のコンピューター・ネットワークの設営や維持、三沢基地や軍の司令系統との接続なども、民間企業が請け負うようになっていった。武器を開発するこれまでの軍事企業に加えて、ＩＴ企業を加えた軍産・監視複合体が急速に成長していく。

エシュロンからエックスキースコアへ――三沢基地の「レディラブ」

一方、監視機能がこれまで目立たなかった横田基地に対し、三沢基地は占領直後の早い段階から大規模なハイテク施設と管理棟を備え、通信諜報に関心を持つ人たちの間では一定程度その存在が知られてきた。１９６０年代初めにはＩＢＭの大型コンピューターが導入され、ソ連から傍受した通信がパンチカードに音を立てて打ち込まれていったという。63〜65年にかけては、沖縄の「象のオリ」によく似た巨大アンテナＡＮ／ＦＬＲ‐９が建設され、「米国が通信諜報のためにデザインした最大の単独アンテナ」としてＮＳＡの歴史に刻まれた。初期工事は「Nishimatsu Trading Company」が陸軍エンジニア部隊の監督の下で施工し、何百人もの建設作業員が工事に携わったという。14ヘクタールの敷地に直径４４０メートルの円状アンテナが三重に立ち、かつてないほど広範囲の周波を拾い集めるようになると、新しい管理棟に「監視警告センター」が設置され、フォート・ミードのＮＳＡ本部とも直通回線で接続された。さらにオホーツク海で潜水艦の秘密作戦を実施する海軍諜報部も加わるなど、三沢は米ソ冷戦を象徴する監視拠点となった。

80年代初めまでに三沢の通信諜報は２０００人近い要員を抱えるまでに発展し、すでに触れた83年大韓航空機撃墜事件で存在が知られるようになる。三沢のオペレーターは「ソ連のパイロットと地上管制官との通信を日常的に聞いており」、巨大アンテナＡＮ／ＦＬＲ-９でも大韓航空機の撃墜に関連する通信を傍受していた。事件の発生は稚内の監視拠点からも三沢に緊急報告され、通信を録音したテープが稚内から三沢に空輸されて分析された。このとき、同じく稚内の陸上自衛隊の通信諜報部隊が録音したテープとロシア語から日本語に翻訳された書き起こしも持ち込まれ、三沢で英語に翻訳されたという。スノーデン・ファイル（２００６年7月19日付）によれば、米国と日本がそれぞれ傍受した会話のうち、アメリカの国連大使は日本の録音テープを、より音質がよかったという理由で国連で再生した。ソ連はすでにアメリカの監視能力を察知していたが、日本の監視活動は知られていなかったので、自衛隊はＮＳＡに対して少なくとも冷戦の終結まで不信を抱いてきた、と文書は記している。

しかし三沢基地の巨大監視能力がより注目を集めたのは90年代以降、大規模盗聴システム「エシュロン」の存在が明るみに出てからだ。エシュロンはまさにＮＳＡ世界監視網の前身といえる存在で、英国のダンカン・キャンベル氏ら数人のジャーナリストや市民が長年にわたって追及を続けた結果、１９９８年に欧州議会が調査を決定。キャンベル氏自身も参加し、エシュロンが実際に存在し、欧州各国の政治経済活動をスパイする目的で使われ、こうした監視活動が欧州データ保護指令や欧州人権憲章に違反することを指摘した。欧州議会は「エシュロン盗聴システムに関する特別委員会」を設置して、米、英、カナダ、オーストラリア、ニュージーランドが共通の民間通信衛星傍受システムを開発し、友好国とされる西側諸国の外交、産業情報などを盗んできたことを、２００１年の最終報告書で認定した。具体的な通信傍受施設として、英国のメンウィズ・ヒル基地、ドイツのミュンヘン近郊のバート・アイブリング基地、そして日本の三沢基地などの名前が明らかになったのだ（小倉利丸編『エシュロン——暴かれた世界盗聴網　欧州議会最終報告書の深層』七つ森書館）。

三沢基地を舞台に80年から実施されたエシュロン計画は、コード名「レディラブ」と呼ばれた。83年に衛星通信を傍受するアンテナ4基が建設され、翌年2基を増設（このうち1基は後に撤去）、91年までにさらに8基が加わった。スノーデン氏が「巨人のゴルフボール」と呼ぶ白い球体群は、アンテナの方角を知られないためにかけた覆いだという。一度見たら忘れられない異様な光景は、メンウィズ・ヒル基地と瓜二つで、ソ連の3衛星を傍受する施設として考えられてきた。

しかし、大小様々なアンテナは冷戦終結後も増設され続けた。95年に15基目が登場、２００６〜07年にさらに2基が追加され、11年に20基目の設置が確認されている。欧州議会調査が明らかにしたのは、レディラブがいまやロシアの通信衛星だけでなく、他の国際通信衛星を通過するコミュニケーションも傍受しているという事実だった。レディラブが最初に監視するようになった国際通信衛星は97年のインテルサット802で、この衛星は11万2500件の電話通話を同時に交信させる能力を持っていた。NSAは対テロ戦争以前から、膨大な量の通信を「すべて収集する」ことを、世界に先駆けて日本で実践してきたのだ。

三沢基地に駐留した陸海空軍と海兵隊の様々な諜報部隊は93年、「三沢暗号作戦センター」として統合され、2003年には「三沢安全保障作戦センター」（MSOC）に改称する。MSOCはNSA文書に頻繁に登場し、三沢基地がどれほど重要な役割を果たしてきたかがわかる。

私は2016年にバルセロナで開かれた監視研究学会で、エシュロンを追ってきた反骨の人、キャンベル氏と話す機会を得たが、彼は三沢基地の現在の様子をとても知りたがっていた。氏が「NSAシステムとはエシュロンそのものなんだ」と言った意味が、いまではよくわかる。ファイブ・アイズによる共通基盤とデータ共有の仕組み、大量データの収集とキーワードによるデータベース検索というインターネット監視システムの柱は、エシュロンにすでに原型がある。違いはインターネットの登場で国際海底ケーブルが増設され、監視の主要回線がそちらに移ったこと、世界中のすべての人々を潜在的な標的とみなすようになったことだ。

しかし、通信衛星の傍受はけっして終わったわけではない。レディラブは現在でも長距離通話からEメール、コンピューター間のデータの送受信まで、膨大な量のデータを収集、保存、分析、配信している。2007年からはビデオ通信も傍受するシステム「ボタニクリアリティ」が三沢安全保障作戦センターで始動した。NSAは「レディラブにおいてこれら関心対象のビデオ通信を自動的に処理する能力を提供するようになってから、合計何百時間にもなる生データ1000

件以上が収集され、詳しい調査のための暗号解読の担当者に転送された」と報告している。

こうしてエシュロンによって地球規模で蓄積された情報が、検索システム「エックスキースコア」のデータベースに投入されたのだ。ＮＳＡは２０１０年ごろから、エックスキースコアを導入し、世界１５０カ所以上で収集したインターネットと衛星通信上の情報を分析してきた。エックスキースコアのシステムは、米国のＳＡＩＣ（Science Applications International Corporation）という会社が製造。外国通信衛星を傍受する三沢のレディラブのような拠点が最も多くのデータベース情報を提供したという。傍受されたネット上の通信内容は3〜5日間、通信記録であるメタ・データは30日間保存されてきたが、様々なバックアップシステムが加わってデータの保存期間は5年以上にまで伸びる傾向にある。

レディラブの開発には、やはり米国の軍事技術会社マンテックとレイセオンが初期から深く関わってきた。巨額の軍事予算を持つ米国には、こうしたほとんど国防省だけに商品を売る「ピュア・プレイ」と呼ばれる企業が存在する。国防省から高額の契約を獲得するだけでなく、次なる最新技術を開発し、軍に売り込んでいく。その表向きの姿は、武器を製造する死の商人というより、まるでシリコン・バレーのスタートアップ企業のようだ。どのウェブサイトの画像も洗練され、技術によって不可能が可能になり、安全で明るい未来が来ることを約束している。

軍事企業とＩＴ企業の垣根は実際に、限りなく低くなっている。レディラブでは、ルーターやサーバーの生産で世界最大手のシスコ、エックスキースコアの製造元ＳＡＩＣとその子会社レイドス、そしてスノーデンがかつて所属したコンピュータ会社デルなどが、システムの運営からデータベースの管理、ハードウエアの修理まで、関連する契約を獲得してきた。世界監視システムを実際に開発し動かしているのは、クリーンなイメージで自由の旗振り役を宣伝してきたＩＴ企業でもあるのだ。軍産・監視複合体の裾野は広がっている。

世界の最先端技術を生み出す原動力となってきた米軍は、それだけに技術的な刷新も素早い。通信衛星から海底ケーブルへ情報流通回路が移行すると、三沢基地の監視態勢は大幅に改変された。国防省は２０１２年、世界に先駆けた三沢基地の円状アンテナＡＮ／ＦＬＲ-９の停止を発表。米ソ冷戦の象徴だった「もう一つの象のオリ」は、14～15年に解体された。さらに国防省は14年、三沢の通信諜報部門５００人の大幅削減を発表し、一部はアラスカの基地へと統合された。15年までに三沢に通信諜報のために常駐する部隊はいなくなり、ほとんどレディラブの運営のみとなった三沢安全保障作戦センターは民間企業によって運営されることになった、とボールとタンターは記している。

悪意と殺意のハッキング

スノーデン・ファイルに戻ろう。その内容は、ボールとタンターが追ってきた三沢基地の監視機能の変遷とピタリと照合する。

三沢安全保障作戦センターから発信された２００９年3月23日付文書は、同センターとＮＳＡ本部が衛星から集めた膨大な通信を、高価なハードウエアではなく、安価なソフトウエアによって解析できるようになった、と述べている。このプログラムは「ワードゴファー」

（WORDGOPHER）と呼ばれ、比較的優先度の低い通信の解読に使われてきた。三沢安全保障作戦センターのアンテナは「16の通信衛星から８０００以上の通信を傍受してきた」が、ほとんどの外国通信衛星の傍受施設では、収集量はハードウエアの能力によって制限され、約４００台の解析器がこれを担ってきた。ワードゴファーの導入でハードウエアの制約から解放され、１０００近くの優先度の低いデータ・システムを処理できるようになったという。それによってＮＳＡ長官の掲げる「すべて収集する」という方針に三沢がまた一歩近づいた、とアピールしている。

このソフトは将来、対象を拡大する方針で、中国や韓国にあるＮＳＡの通信諜報オフィスとも協力関係にあることを文書は匂わせている。特に、中国外務省の衛星通信ネットワークが７つの衛星にまたがるデジタル通信網で、北京の本省と海外の２００以上の大使館や領事館をつないでいると文書が言及している点は、ＮＳＡが衛星通信の監視をいまも重要視していることをうかがわせる。

一方で、その監視手法には技術の進歩に伴って質的な変化が見える。08年12月11日付文書＝文書２＝は、ＮＳＡが三沢基地から通信を傍受するだけでなく、個別の通信者の位置を特定し、即座に攻撃する手法を実行に移したことを明かす。

このシステムは「亡霊」（APPARITION）と呼ばれ、08年9月に初めて使用に成功した。「亡霊」は、非常に小さな衛星端末の位置情報を正確にとらえることができる。このタイプの端末は中東のインターネット・カフェや政府が使用しているので、重要な標的を特定できるという。実際、この「亡霊」の前身で「ゴーストハンター」と呼ばれるシステムは、英国のメンウィズ・ヒ

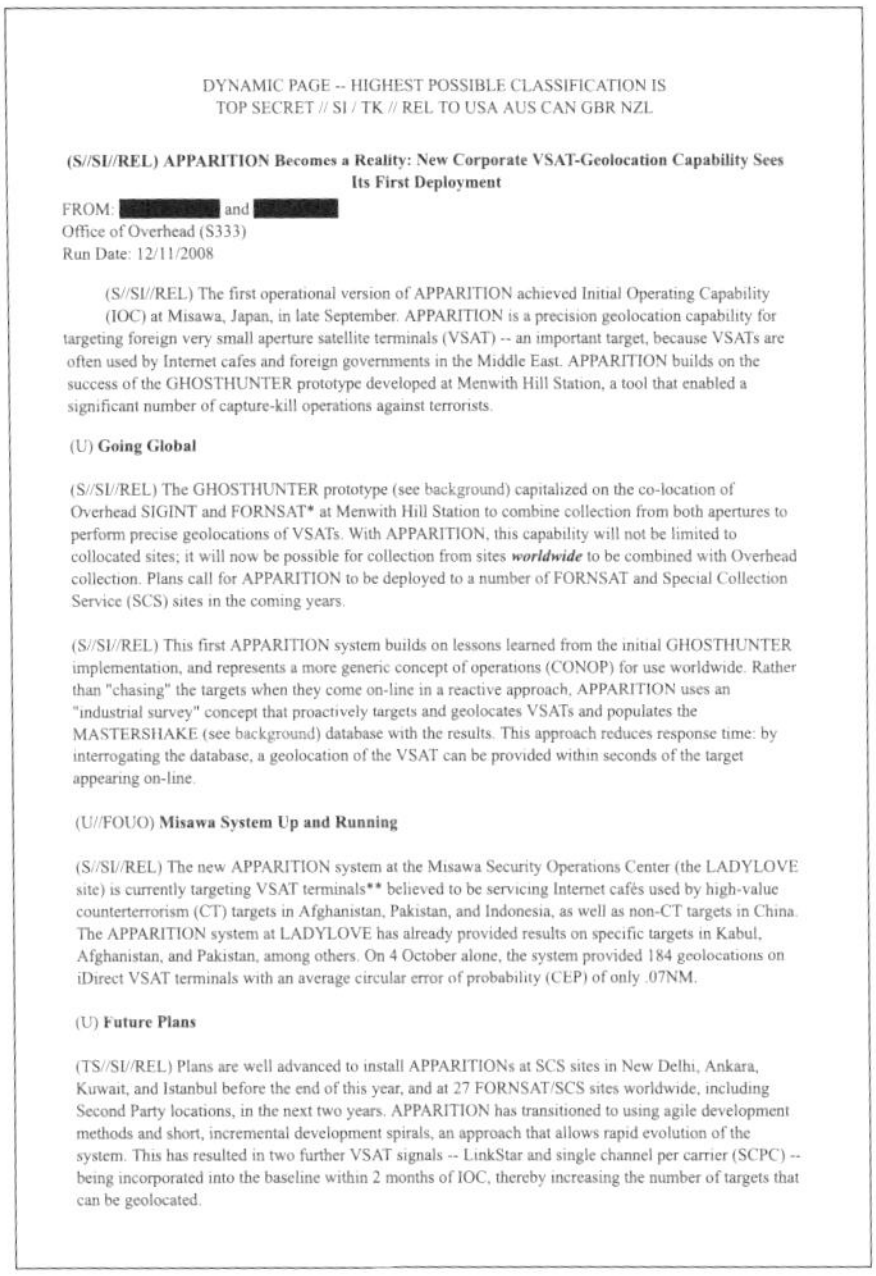
DYNAMIC PAGE -- HIGHEST POSSIBLE CLASSIFICATION IS
TOP SECRET // SI / TK // REL TO USA AUS CAN GBR NZL

(S//SI//REL) APPARITION Becomes a Reality: New Corporate VSAT-Geolocation Capability Sees Its First Deployment

FROM: [redacted] and [redacted]
Office of Overhead (S333)
Run Date: 12/11/2008

(S//SI//REL) The first operational version of APPARITION achieved Initial Operating Capability (IOC) at Misawa, Japan, in late September. APPARITION is a precision geolocation capability for targeting foreign very small aperture satellite terminals (VSAT) -- an important target, because VSATs are often used by Internet cafes and foreign governments in the Middle East. APPARITION builds on the success of the GHOSTHUNTER prototype developed at Menwith Hill Station, a tool that enabled a significant number of capture-kill operations against terrorists.

(U) **Going Global**

(S//SI//REL) The GHOSTHUNTER prototype (see background) capitalized on the co-location of Overhead SIGINT and FORNSAT* at Menwith Hill Station to combine collection from both apertures to perform precise geolocations of VSATs. With APPARITION, this capability will not be limited to collocated sites; it will now be possible for collection from sites ***worldwide*** to be combined with Overhead collection. Plans call for APPARITION to be deployed to a number of FORNSAT and Special Collection Service (SCS) sites in the coming years.

(S//SI//REL) This first APPARITION system builds on lessons learned from the initial GHOSTHUNTER implementation, and represents a more generic concept of operations (CONOP) for use worldwide. Rather than "chasing" the targets when they come on-line in a reactive approach, APPARITION uses an "industrial survey" concept that proactively targets and geolocates VSATs and populates the MASTERSHAKE (see background) database with the results. This approach reduces response time: by interrogating the database, a geolocation of the VSAT can be provided within seconds of the target appearing on-line.

(U//FOUO) **Misawa System Up and Running**

(S//SI//REL) The new APPARITION system at the Misawa Security Operations Center (the LADYLOVE site) is currently targeting VSAT terminals** believed to be servicing Internet cafés used by high-value counterterrorism (CT) targets in Afghanistan, Pakistan, and Indonesia, as well as non-CT targets in China. The APPARITION system at LADYLOVE has already provided results on specific targets in Kabul, Afghanistan, and Pakistan, among others. On 4 October alone, the system provided 184 geolocations on iDirect VSAT terminals with an average circular error of probability (CEP) of only .07NM.

(U) **Future Plans**

(TS//SI//REL) Plans are well advanced to install APPARITIONs at SCS sites in New Delhi, Ankara, Kuwait, and Istanbul before the end of this year, and at 27 FORNSAT/SCS sites worldwide, including Second Party locations, in the next two years. APPARITION has transitioned to using agile development methods and short, incremental development spirals, an approach that allows rapid evolution of the system. This has resulted in two further VSAT signals -- LinkStar and single channel per carrier (SCPC) -- being incorporated into the baseline within 2 months of IOC, thereby increasing the number of targets that can be geolocated.

文書2。米空軍三沢基地で実用化された位置特定装置「亡霊」に関する文書。データベースによる予測に基づいて「標的」の位置を割り出し、即座に攻撃する。こうした監視装置が世界中を対テロ戦争の戦場に変えている。

ル基地で開発され、「テロリストの捕捉・殺害作戦を相当数を可能にしてきた」という。

　ゴーストハンターが、米国の通信衛星によって集めた情報と、外国通信衛星から傍受した情報をメンウィズ・ヒル基地で入手し、二つの情報を組み合わせることで位置を特定したのに対し、「亡霊」は世界中どこで入手した情報であっても米国の通信衛星情報と組み合わせて位置を割り出せる。しかも、標的とする人物が通信回線上に現れるのを待ってから位置を特定するのではなく、衛星端末の位置を前もってデータベース内の情報から予測し、特定時間を短縮。「衛生端末の位置情報を、標的がオンライン上に現れてから数秒以内に提供できる」というのだ。
「三沢安全保障作戦センター（レディラブの拠点）の新たな亡霊システムは現在、アフガニスタン、パキスタン、インドネシアの対テロ戦の標的である重要人物や、対テロ作戦以外の標的が中国で使っているインターネット・カフェに通信を供給していると思われる端末を標的にしている。レディラブの亡霊はすでに、アフガニスタンのカブールやパキスタンなどで特定の標的について結果を出している」（カッコ内原文ママ）
このシステムは08年10月4日だけで、１８４の衛星端末の位置情報を少ないエラー率で叩き出したという。「結果を出している」というのは、他でもない、米軍から「テロリスト」とみなされた人々の「捕捉・殺害」を意味する。だからこそ、データベース情報に基づく予測によって特定時間を短縮し、素早い攻撃につなげる。戦闘機やドローンによる急襲がその手段として考えられるが、果たして攻撃が正確で、本当にテロを防いでいるのかは分からない。対テロ戦争では、米軍機による多くの民間人への誤爆、救助者への攻撃も報告されているからだ。
「亡霊」はインドのニューデリー、トルコのアンカラとイスタンブール、そしてクウェートにも08年末までに配備され、さらに2年以内にはファイブ・アイズ国内などにある27の外国通信衛星傍受拠点にも導入され、標的の位置情報を増やしていく、という。いったい現在までに、どれだけのいのちが「亡霊」の予測によって奪われたのだろうか。大量監視は明らかに観察の領域にとどまらず、武力攻撃を前倒ししている。攻撃の遠隔操作によって、世界のどこであれ瞬時に戦場に変えてしまう。肉体が引き裂かれる残酷な現場を、私たちの視界に入れないようにしながら。

三沢で実施している「クァンタム・インサート」と呼ばれるハッキングの手法も、戦慄すべき内容だ。日付なしのスライドとして作成されたNSA極秘文書は、このシステムが標的である人物のネット閲覧行動を密かに監視・分析し、NSAがウィルスを仕込んだサイトやサーバーに誘導。標的のパソコンをウィルスに感染させて、パソコン内のデータをそっくりNSAのサーバーに送り込む、と説明する。「我々が仕込んだ何らかのウェブ・ブラウザに標的をおびき出すことができるなら、まずこれをモノにできる。唯一の限界は、いかにおびき出すかだ」

NSAのスパイ用語で「モノにする」は「own」。標的のパソコンをウィルスに感染させさえすれば、これを「所有」したも同然、自分のパソコンのように操作できる、という意味だ。リアルタイムでキーボードのストロークを知ることもできる。

クァンタムはスノーデン氏が暴露したNSAの監視手法のなかでも最も悪意に満ち、だからこそNSAが最も隠しておきたかった手法といわれている。諜報機関の標的は「テロリスト」だけではない。諜報機関にとって「リスク」をもたらすジャーナリスト、人権団体、労働組合、平和運動、環境問題に関わる人々も標的にされてきた（第五章を参照）。まさに人を陥れるための卑劣なハッキング攻撃、それが三沢基地から日本を含む世界に向けて仕掛けられている。

スノーデン氏はNSAと各国の諜報機関が「まるで野球カードのように、人々のいのちをトレードしている」と私に語った。NSAがコンピュータを「モノにする」ことは、持ち主のいのちを「モノにする」ことをも可能にする。政府に自分のいのちをモノにされたくないなら、私たちはこんな汚い監視と戦争に手を貸すべきではない。

第四章　国家監視に協力するネット企業と通信会社

告発の先達マーク・クライン・インタビュー

スノーデン日本関連ファイルが公開された直後の2017年5月、私はNSA監視に警鐘を鳴らした「もう一人の告発者」に米サンフランシスコで面会した。米大手通信会社AT&Tの元技術者、マーク・クライン氏（76）。彼はスノーデン氏の告発に先立つこと7年、2006年に国家が通信回線に侵入し、市民のコミュニケーションを監視していることを世に訴えた。インタビュー時に日本の国会で審議されていた共謀罪について、クライン氏は即座に「それは危険な法律だ」と反応した。スノーデン・ファイルを高く評価する先達者は、なぜ民間企業が国家の監視に手を貸すのか、政府はどうやって監視装置を通信インフラに忍び込ませたのか、監視の拡大を止めるにはどうしたらいいのかを縦横無尽に語った。

反対者を追い落とすための監視

サンフランシスコ郊外の閑静な住宅街に暮らすクライン氏は、たくさんの本が詰まった本棚とパステルカラーのキルトに覆われた応接室へ、数日前に連絡したばかりの私を通してくれた。使

通信会社にNSAが忍び込ませた監視システムについて筆者に説明するマーク・クライン氏＝米カリフォルニア州で、溝越賢撮影。

い込まれた感じのソファに腰を下ろしながら、私が「ＮＳＡが日本で活動してきたことを長い間知りませんでした」と切り出すと、クライン氏は「これは本で読んで知ったことに過ぎないけれど」と断った上で、ゆっくりとした口調で「米国は第二次世界大戦の終結後から、日本の三沢基地や北海道を拠点にして中国やロシアをスパイしてきたでしょう？　ＮＳＡと日本はずっと共犯関係にあった」と答えた。「米国はヨーロッパでも電話回線を盗聴してきたし、日本でも論理的に同じことをした。法律的な障害がなかったからです。ＮＳＡは、米国内でのスパイ活動には法律上の制限があるけれども、米国外では白紙手形を持ったも同然だから」

それは２０１３年のスノーデン告発時から私がひっかかっている点でもあった。グリーンウォルド氏らによる連続スクープを大々的に追った米メディアが示したのは、「米政府が米市民を監視している」ことへのショックだった。これを日本に置き換えれば「日本政府が日本市民を監視している」ということだから、もちろん事実の生々しさは理解できるが、だからといって米政府が米市民以外の人々を自由に監視することを看過していいはずがない。米市民だけが監視対象から除外されれば問題は解決なのか。外国人全員が敵、あるいは犯罪者ということはあり得ない。NSA世界監視網はすべての人々にとって問題であるはずだ、とクライン氏に伝えると、

「そのとおりですが、これこそ『帝国』がすることなのです。米国は古い意味での『帝国』で、私はこの言葉を軽蔑を込めて使っています。すべての『帝国』政府は他の政府に対して汚い手段を用い、米国は第二次世界大戦以降、基本的に世界を自らの帝国とみなしてきた。ソ連と中国を除いてはね。他の政府も同じように帝国的な振る舞いをしたかもしれないけれど、単に米国ほどの力はなかった。米国は第二次世界大戦に勝って、その力を獲得したのです。けれどロシアと中国には支配が及ばないので、常に緊張感が存在しているでしょう」

電話会社の元技術者というより、まるで歴史家にインタビューしているような語り始めだった。私は「けれども米国は、日本のように友好国とされる国々もスパイしてきました。これはダブル・スタンダードではないですか」と食い下がった。ソファに沈み込んで、丸メガネの元技術者は答える。

「まあね。帝国を経営する政府はそういう汚い手を使う。アンゲラ・メルケル（独首相）の携帯電話を盗聴したりね。NSAはバレてバツが悪そうにしたが、彼らにとって法律的には問題はない。外国への盗聴を控えるとしたら単に礼儀上の理由で、だったらNSAはむしろ発見されないように盗聴することを選ぶ。NSAが『もう盗聴しない』と言ったとしても、誰がそれを確認できますか？　すべては闇に隠されているのに。だからスノーデンのような内部告発者が重要なん

です。でなければ、私たちには何もわからない」

盗聴行為が合法とされる、という点で私は当時審議中だった共謀罪法案を思い出し、クライン氏に説明をした。共謀罪は犯罪の実行行為なしに犯罪が成立する、とまで話したところで、クライン氏は私の言葉をさえぎって「それは危険な法律だ」と言った。「それは現在の世界全般の兆候じゃないかな。政府が右寄りになり独裁的になっている。ここではトランプ政権、フランス大統領選では（右翼政党の党首）ル・ペンに票が集まっている。「日本の閣僚たちは国会で共謀罪も監視社会も『一般の人たちには関係ない』と繰り返していますから」と付け加えると、

「私はいつも言うんだが、監視はいまあなたが何も悪いことをしていなければすぐには影響しないかもしれない。だが、あなたが悪いことをしているかどうかを決めるのはあなたじゃない。政府だ。そして政府は自分の気に食わない人間に対して監視の力を使う。そういう権力の濫用は常に起こる。この国ではJ・エドガー・フーヴァー（初代FBI長官）の時代にさかのぼって、警察が人々の電話を盗聴してきた。電話の盗聴は当時、大変な労力を要したから大勢に対してはできなかったけれど、フーヴァーは自分が敵と思う人間を追跡した。例えば、マーティン・ルーサー・キングの女性との電話を盗聴して、それを材料にキングを脅し、自殺に追い込もうとする匿名の手紙を送った話はよく知られているでしょう？」

フーヴァー長官は公民権運動のリーダーとして人々の絶大な支持を集めていたキング牧師を共産主義者と決めつけ、「最も悪名高い嘘つき」と非難していた。キング牧師は１９６８年に39

歳の若さで暗殺されるまで12年間、ＦＢＩによって監視されていた。フーヴァーが目指したのは、キング牧師の弱みを握り、社会的な信用を傷つけ、追い落とすことだった（これについての文献は複数あるが、ＦＢＩがキング牧師に送った手紙の原文を発見したイエール大学ビヴァリー・ゲージ教授の記事は以下で読める。https://www.nytimes.com/2014/11/16/magazine/what-an-uncensored-letter-to-mlk-reveals.html）。クライン氏は続けた。

「フーヴァーはこの手の監視を数多くやったが、その彼もいまの政府が持っている力には遠く及ばない。いまの政府はすべての人々をスパイする力を持っている。フーヴァーの時代には盗聴は手間のかかる仕事だったが、いまでは自動化された監視装置とコンピューターと光ファイバーとインターネットと巨大な保存サーバーで全データが収集できる。もちろんこれは政府が全員を毎日実際に見ているという意味ではなくて、政府はデータを保存しておいて、いつでも好きなときに取り出せるという意味。『ああ、このマーク・クラインてやつは怪しいから、小笠原みどりという女性との会話を全部持ってこい』ってな感じでね。エックスキースコアを指一本で叩くだけでできるわけだ。これがトランプのようなタガが外れた人間に使われると考えただけで恐ろしい。私は安倍という人物をよくは知らないが、かなり独裁的な考えの持ち主に見えるね。そういう人物がスパイする権限を悪用したり濫用したりする危険に、私たちはいま直面している。米国だけでなくて世界中でね」

電話会社の一室はＮＳＡの監視部屋

米西海岸の一角、瀟洒とは言えないけれど温かみを感じさせるこの家から、クライン氏が世界の政治情勢を俯瞰しながら監視の過去と未来を考えていることは、インタビューの最初の半時間で十分に伝わってきた。

彼がNSAの大量監視システムに気づいたのは2004年、AT&Tに勤務していたときだ。勤務していたサンフランシスコ市街地のビルは、NSAの隠れ盗聴地点「フォルサム通り611番地オフィス」として、彼の告発ののち広く知られるようになった。ビジネスや観光に大勢の人々が行き交うダウンタウンのど真ん中に盗聴地点が存在していたことは、ベイエリアの市民を驚愕させた。窓がほとんどない巨大データボックスのような姿は、現在もそこに黒々と立ちはだかっている。

「私が明らかにしたのは、NSAがここで純粋な国内通話を大量に収集しているということでした。それまでNSAは『国際通話だけを入手している』あるいは『海外にいる悪いやつらと通話している国内のケースだけを調べている』と説明していたのに、それは目くらましに過ぎなかったということです」

先に述べたように、第二次大戦終結後も戦争と工作を続け「敵」をつくり続けてきた米国で、外国人をスパイすることは正当化されてきた。一方で、自由主義のリーダーを標榜する政府が、市民を盗聴するには、相当な理由に基づいて裁判所から令状を取ることが求められる。にもかかわらず、令状手続きを経ない違法盗聴が組織的に実行されていたことを、クライン氏は目撃したのだ。

クライン氏は技術者として当時、長距離デジタル回線の設営やトラブル対応を担当していた。ある日、インターネット回線の部屋でデータの流通が滞り、修理に行くと、その回線が「分割キャビネット」との接続で問題を起こしていることがわかった。分割キャビネットは、ネット上を行き交うデータの送り先を国外、国内などに振り分ける機能を持ち、あらゆるデータが流れ込んでくる。アナログ時代には最初から回線が分かれていたが、デジタル化でほとんどすべての種類のコミュニケーションが同一回線を通るようになったという。

トラブルの原因を捜すうちにクライン氏は、その分割キャビネットが何かをコピーしているため、回線の通信機能を低下させていることに気づいた。そこで彼は、その分割キャビネットを担当する技術者を呼んだ。この技術者は同じビルのなかで、NSAの許可を得た人間だけが出入りする部屋から来て、キャビネットを修理した。トラブル対応は済んだが、クライン氏はこのとき、その分割キャビネットがデータの振り分けのためではなく、通過するデータをコピーし、階下にあるNSAの秘密部屋に送っていることを知った。その分割キャビネットはなんと、NSAにデータをコピーして渡すためだけに取り付けられていたのだ。

「つまり、こういうことです。NSAが本当に彼らの言うとおり国際通話だけを盗聴しているなら、国際海底ケーブルを押さえればいい。国内通話が大部分を占める街中の中継地で全通話データを収集し、そこから国際電話を選び出すなんて時間の無駄です。NSAがフォルサム通り611番地で欲しかったのは、国内通話なのです」

NSAは、太平洋や大西洋を横断する国際通信ケーブルが上陸する米海岸で、通信会社が設置する陸揚げ局内に一室を設け、通過する全データをコピーしてきた。「特殊情報源工作」と呼ばれるこの手法は、スノーデン氏によって詳細が暴かれた。インターネット時代に入って、世界のデータの大半が米国内にある通信基盤を通過するようになったため、NSAは地の利を得て「すべて収集する」方針を立てた。たとえ日本国内でのメールの送受信であっても、ネット大企業が集中する米国内のサーバーやケーブルを通過する場合は多い。NSAはこれら「窒息ポイント」と呼ばれる侵入地点から、国外通信を総ざらいしてきたのだ。スノーデン氏は特殊情報源工作を「今日のスパイ活動の大半であり、問題の本当の核心」と語ったが、流れ込んでくる全データをNSAのサーバーに引き込んでコピーするというのは、クライン氏が目撃したのと同じ手法だ。その原型は、街中の電話会社の一室にあったのかもしれない。

しかもNSAが分割キャビネットからコピーしていたのは「ピアリング・リンクス」（Peering links）と呼ばれる他社とつながる回線網だった。通信会社は互いに回線を結び、どこの通信会社の利用者であっても通話やメールが送受信できるようにしている。AT&Tの国内通信網はこのピアリング・リンクスで他社のネットワークとつながり、他社の利用者からのメッセージも流れ込んでくる。NSAはこの接続点に侵入することで、他の通信会社が扱う通信も入手していたのだ。

「私がこの事実を明かしたとき、人々は本当にショックを受け、憤慨しました。ピアリング・リンクスに侵入することで、NSAはほとんどすべての人々の通信を入手することができるからです。NSAはAT&Tだけでなく、全社が扱う通信を狙った。それを知らなかった他社も衝撃を受けました。そして後からわかったのは、これがサンフランシスコだけでなく、シアトルやロサンジェルスといった西海岸の別の都市にもあり、全米で少なくとも12カ所に上る、ということでした」

だが、国家と企業による犯罪を垣間見たとき、クライン氏はすぐに身動きが取れなかった。

「私は偶然、秘密を知ってしまった。自分が知らないうちにＮＳＡのプロジェクトに関わっていることに気づいたのです。協力したくはなかったけれど、ＮＳＡの秘密部屋がＡＴ＆Ｔ上層部の了解を得て設置されたことは確かで、私が何か言えば職を失うことも明白でした。そこですぐには動けませんでしたが、その年の終わりに出た早期退職の募集に応じ、問題の分割キャビネットが階下にあるＮＳＡの装置に接続していることを示す図面を手に入れて退職しました」

クライン氏はこの証拠書類を、インターネットの自由のために活動する「電子フロンティア財団」（本部・サンフランシスコ）に持ち込んで相談し、電子フロンティア財団は２００６年１月、ＡＴ＆Ｔ利用者を代表するかたちで、ＡＴ＆Ｔによるプライバシー侵害を訴える裁判を起こした。クライン氏はこの訴訟に証人として参加し、大手通信会社がＮＳＡの大量監視に手を貸していることをいち早く暴いたのだった。

政府と企業がつくる監視複合体

現代の監視は政府と企業の複合体から成り、技術も手法も個人情報も企業に多くを依存している。電話会社だけではない。アップル、グーグル、マイクロソフト、フェイスブック、アマゾン……日本でだれもが利用するネット企業は米国に本社があり、世界中に通信網を持つ。ＮＳＡがこれらを独占化しつつある企業と秘密裡に協力関係を築いていたことは、スノーデン氏の暴露のなかでも世界に強烈なショックを与えた。自由と民主主義の旗手を自認するシリコン・バレーが、利用者のプライバシー保護をうたいながら、裏で政府に大量の個人情報を提供していたのだから。しかし企業はなぜＮＳＡに協力するのか？

スノーデン氏は私のインタビューで、両者の間に「自然なインセンティブがはたらいている」と答えた。企業は通信領域を拡大して事業を広げたい。通信事業は陸揚げ局の設置などに政府の認可が必要で、政府との良好な関係が収益につながる。政府側もそれを熟知し、ある企業が協力を惜しむならライバル会社に話を持ち込むことをちらつかせてテコ入れする、というのだ。「政府としても情報にアクセスさせてくれるならば、事業拡大のお手伝いをしたい、と持ちかけるわけです」。スノーデン氏は、経済的利益追求の連鎖が巨大監視システムの構築を促したと考える。

クライン氏が勤めていたＡＴ＆Ｔは、日本でいえば元は電電公社だったＮＴＴコミュニケーションズのような存在だ。アレクサンダー・グラハム・ベルらによる電話の発明と同社の設立以来、１９８４年に分割されるまで米国の電信電話市場をほとんど独占してきた。当然、米政府とのつきあいも長い。かつて従業員だったクライン氏は言う。

「１９８０年代からＡＴ＆Ｔは、ペンタゴン（国防省）とも秘密の関係を持つようになっていました。理由の一つは核戦争の準備です。ペンタゴンは核爆弾が及ぼす電磁波にも耐えられる通信システムの強化を求めていた。それに協力できるのはＡＴ＆Ｔだけだった。ＡＴ＆Ｔはシステム強化のためのコストを、電話利用料にこっそり上乗せして徴収までしていたのです」

インターネットはもともと米国防省の助成金によって1960年代から軍事技術として初期開発され、のちに商用化された。世界中のデジタル通信基盤の多くが米国内に存在し、米国の企業が所有しているのは、この歴史的経緯のためだ。米ソ冷戦下の国防省は分散型の通信体系を求めた。核攻撃によって中央の情報系統が破壊されたとしても、他の拠点から情報を流通させ、戦争を続行することを目標にしたからだ。元技術者のクライン氏もこの点を強調する。

「この脱中央集権型の構造がインターネットの利点です。ネット上の情報はルーターによって自動的に一番すいている回線へと振り分けられ、回線の一部が塞がれたとしても別の回線を通れる。情報はいつも同じ回線を通るとは限らないし、分割されることもあるが、流れ続ける」

核戦争で人々が死に絶え、世界が廃墟になってもデータは流れ続ける、ということだろうか。その発想には核兵器が人間の肉体に何をもたらすのかという基本的な問いが抜け落ち、人間と技術の立場がすっかり入れ替わってしまっている。原子爆弾の製造が原子力発電につながったように（逆ではない）、戦争は時代を画する技術を多く生み出してきた。「国家安全保障」の名の下に政府は莫大な予算と人材を優先的に獲得し、戦争に勝つための効率的な手段を極秘に開発できるからだ。新聞、タイプライター、写真、映画といった通信技術自体も戦争のたびに大衆化を遂げ、巨額の利益を上げてきた。

この軍産複合体が現代の監視の根底にあり、今でも成長を続けている。米国は「ほかの国すべてを合わせたより多くの情報機関予算」を持ち、13年度だけで予算総額は約720億ドルに上ると推計される（ブルース・シュナイアー『超監視社会』草思社）。ＮＳＡはその中心機関であり、全米最大の数学者の就職先といわれる。数学者たちは新たな監視ソフトのプログラミングにいそしんでいる。

「ＡＴ＆Ｔは政府が大好きで、けっして政府の機嫌を損ねるようなことはしない。政府との取引には喜んで応じる」とクライン氏は言う。政府に裏で協力してきたのは電話会社だけでなく、いまをときめくグーグル、アップル、マイクロソフトといった、やはり独占化しつつあるＩＴ企業にも及んでいたことは、スノーデン氏が知らせたとおりだ。

では、企業がＮＳＡの要望を断ったらどうなるのだろうか。クライン氏は興味深い例を示唆してくれた。

米西海岸を中心に通信事業を展開するクエスト・コミュニケーションズは２００１年、ＮＳＡから利用者のデータを提供するよう要請されて断った唯一の会社として注目を浴びた。この顛末が知られるようになったのは２００７年、同社の元経営者ジョセフ・ナチオ氏がインサイダー取引で起訴され、有罪判決（禁固６年）を受けたからだ。開示された裁判資料によれば、ナチオ氏は、自分はＮＳＡから利用者の通話記録にアクセスさせるよう求められたが、断ったので訴追された、と訴えた。会社の顧問弁護士はナチオ氏に「令状なしに情報を渡せば違法」とアドバイスしていた。ニューヨーク・タイムズなど米メディアが注目したのは、このＮＳＡの要請が９・11の７カ月も前、01年２月27日にフォート・ミードのＮＳＡ本部で開かれた「国家安全保障電子通信顧問委員会」でなされた、という点だった。ＮＳＡの大量監視は９・11直後にブッシュ大統領が極秘裏にＮＳＡに権限を与えてから始まった、というのがこれまでの解釈だったが、実際には対テロ戦争が開始される以前からＮＳＡは大量監視を実施し、通信会社の協力を取り付けていた可能性が浮上した（07年10月14日付ニューヨーク・タイムズ）。

ＮＳＡ本部で開かれたこの会合には、米国のほとんどの大手通信会社から幹部たちが出席し、ナチオ氏は議長を務めていた。ナチオ氏を含め、業界の幹部はＮＳＡから機密情報にアクセスする許可を得ていた。裁判資料は、通信会社がＮＳＡとそれまで頻繁に会合を重ねていたことを記録し、長年ＮＳＡに協力してきたことを示していた。

クエストは当時、ＮＳＡの外注化事業を秘密裏に受注する予定だったが、契約を撤回されて多額の損失を被っただけでなく、経営者が突然、捜査機関に追及されることになった。ナチオ氏は自分への恣意的な訴追に抗弁するため、01年２月の会合で具体的に何があったのかを法廷で話そうとしたようだが、判事は許可せず、裁判資料には記されていない。クエストは２０１０年、米南部を基盤とする通信会社センチュリーリンクに買収された。

クエストへの国家権力の苛烈な報復は、裏を返せばＡＴ＆Ｔなど他の通信会社が沈黙を守ったまま、利用者のデータを令状なしにＮＳＡに提供し続けてきたことを暗示する。諜報機関が法律の規制を逃れて、どこまで深く広く技術的なパートナーたちを取り込んできたのか、そしてパートナーたちは政府との秘密の関係からどれだけ巨大な利益を上げてきたのかが、想像できる。

遡及的免責――違法監視に協力する企業を守る

一方、米政府は違法な監視を可能にしてくれる協力会社をひたすら庇護してきた。電子フロンティア財団がクライン氏の証拠資料を手に２００６年、ＡＴ＆Ｔを訴えた裁判「ヘプティング対ＡＴ＆Ｔ」に政府は素早く介入した。訴訟の当事者ではないにもかかわらず、「国家の秘密に触れる裁判は棄却されるべきだ」と主張。三権分立の伝統を誇る米国の裁判所は、この論理をそう易々とは受け入れなかったので、ブッシュ政権は前例のない手段に打って出た。

「ブッシュはどうしても裁判をつぶそうとした。なぜなら令状なしの市民に対する盗聴は、米国の法律では完全に違法だったからです」

２００８年の外国諜報活動監視法（ＦＩＳＡ）改定案は、政府が裁判所に対し非公開で、裁判の対象となった監視活動が行われなかったこと、監視活動が合法だったこと、あるいは合法違法を問わず大統領によって承認されたものだったことを証明すれば、司法長官は裁判を破棄することができる、という内容だった。大統領の判断がたとえ違法でも、違法性を問われることはなく、行政権の暴走を認めようとしたのだ。

裁判が破棄されれば協力した通信会社も法廷で追及されずに済むことから、ＡＴ＆Ｔや他の訴えられた会社には「遡及的免責」（retroactive immunity）が与えられる、と言われた。難しい法律用語だが、同じ手法がその後に拡大し、日本にも波及しつつあるようなので解説する。

「遡及的」とは、法律が過去にさかのぼって適用されることを指す。法律は原則的に不遡及で、つまり成立した時点から適用される。そうでなければ、その時点では合法な行為をした人々が、後から国家に違法性を問われ、犯罪者にされてしまうからだ。人が罪に問われるには、違法行為とともに違法性が法律で明示され、本人に違法だという認識がなければならない。同様に、犯罪行為を事後的に合法化することも、不遡及の原則に反する。法律を遡及的に適用して免責することは例外で、これが原則化すれば、違法行為をただ追認する「無法状態」を招きかねない。

違法監視を主導した政府と協力した通信会社を事後的に免罪し、それによって将来の監視をも合法化することになる法案は当然、連邦議会で大きな議論を巻き起こしたが、結局は成立した。そしてこの改定外国諜報活動監視法によってブッシュ政権の狙いどおり、「ヘプティング対AT&T」のケースをはじめ、全米各地で起きていた通信会社の違法な監視活動への責任を問う裁判は09年、すべて棄却された。

違法なものを合法化する詐欺的な法理論は、実は数年前から積み上げられてきた。クライン氏の応接室から少し離れて、背景を掘り下げておこう。というのも、NSAが始めた大量無差別監視は、ネオコンと呼ばれたブッシュ政権のなかでも軋轢を生んでいたからだ。ガーディアンやニューヨーク・タイムズは、NSAが04年3月の時点で実施していた、令状なしで米市民のインターネット履歴情報を収集するプログラムを、アシュクロフト司法長官が再承認しなかったという逸話を、スノーデン告発後に報道している。

アシュクロフト長官は当時入院中で、ブッシュ大統領は自分の法律顧問を送ってジェームズ・コミー司法副長官にサインさせようとしたが、コミー氏も拒否した。コミー氏と司法省法律審議室主任ジャック・ゴールドスミス氏、FBI長官ロバート・マラー氏は、ブッシュ政権が違法監視を改めないのなら辞任すると迫り、ブッシュ大統領はNSAに監視プログラムの中止を命じざるをえなくなった。令状なしの米市民に対する盗聴は、対テロ戦争を支える法律家たちの目から見ても、明らかに違法だったのだ。

だが、政権内の対立を解消する道筋は、そこから本末転倒していく。大量監視はいったん中止されたものの、司法省とＮＳＡの法律家たちはすぐさまＮＳＡの大量監視を法律に見合ったものに「修正」するための法解釈に取り掛かったのだ。政府は違法な監視を永遠に放棄するのではなく、法律と運用の方をねじ曲げて、内々で合法とする法理論をひねり出していった。その結果、アシュクロフト長官の病室での衝突からわずか3カ月後に、外国諜報活動監視裁判所が秘密裏にＮＳＡの同じプログラムを承認し、ＮＳＡはネット利用履歴収集を再開した。外国諜報活動監視法のもとで監視が許される「設備」が、従来は特定の電話番号やメールアドレスを意味してきたのに、新たに「外国の標的がコミュニケーションに使う通り道やケーブル回線」へと拡大解釈された結果、すべての通信回線を指すことになったのだ（13年6月27日付ニューヨーク・タイムズ）。「すべて収集する」が法律の操作によって合法化された瞬間だった。

外国諜報活動監視裁判所は当初のインターネット利用履歴だけでなく、さらに電話やメールの内容まで、ＮＳＡが収集を拡大することに次々とお墨付きを与えていった。違法監視に反旗を翻したコミー氏らもみな職に留まり、自分たちの眼鏡にかなう合法性をつくり出すことを支持し、承認した。保守派内での衝突は結局、「法律的な根拠がつくり出されるまでは手を着けるべきではない。自分は責任を取りたくないから」というレベルの抵抗に過ぎなかったのだろうか。

法律を操作したつけ——監視情報に揺れる米政治

違法監視の拡大はその後、ブッシュ政権からオバマ政権へと引き継がれた。オバマ大統領が13年5月、コミー氏をＦＢＩ長官に任命したとき、スノーデン・スクープを放つ直前だったグリーンウォルド氏はガーディアンに次のような趣旨の寄稿をしている。

「コミーは違法な監視プログラムに抵抗したことで、僕を含めブッシュ政権の批判者たちから賞賛を受けた。彼は確かにブッシュ政権下の司法省にいた最悪の法律家ではなかった。だがコミーは、ニューヨーク・タイムズが報道したよりももっと過激な監視プログラムを承認し、つい最近まで過激と思われていた監視活動を標準的なものに変えてしまった。コミーのＦＢＩ長官就任は、オバマ政権が僕らをどこへ連れて行こうとしているかを示している」（13年5月30日付）。

グリーンウォルド氏の予言どおり、コミー氏はその後、不透明な情報をめぐる米政治の渦中の人物になっていく。米政治に関心のある人なら、これまでに登場したコミー氏やマラー氏が、トランプ大統領のいわゆる「ロシア疑惑」をめぐる報道の中心にいることに気づくだろう。

コミーＦＢＩ長官は２０１６年の米大統領選期間中に、民主党のヒラリー・クリントン候補を選出する党内手続きの不正を示唆するメールが流出した問題で、ＦＢＩがクリントン陣営を捜査していることを公表し、痛手を被ったクリントン陣営から非難を浴びている。一方でコミー氏は17年には、このメール流出問題を含めてロシア諜報機関が米大統領選に介入し、トランプ氏と「共謀」した疑いでＦＢＩが継続捜査していることに対してトランプ氏の怒りを買い、10年間のＦＢＩ長官任期を終えずに解任された。このとき、ロシア疑惑の特別検察官に任命されたのが、かつてNSA違法監視に反旗を翻した盟友、前任のFBI長官マラー氏だ。マラー氏の捜査報告書は19年4月に公表され、全米の注目を集めている。インターネット監視を合法化し、制御してきたつもりの法律家たちが、同じような手法を使った秘密の情報操作に翻弄されている。と同時に、ネット上の情報が苛烈な権力闘争の武器になり、政治の不透明さを増大させている。これが民主主義にとって有害なことに、米メディアはやっと気づき始めた。

肝心なのは、違法監視の問題が本質的に解明されぬまま、合法化の衣をまとい、根を下ろしていったことだ。共和党から民主党へと継続した動きは、監視の権力がいかに法律を無視して独断で秘密活動を先行させ、その後に法解釈をいじり、次に法律を改定し、違法行為をなかったことにしながら、さらに大規模で侵害的な秘密活動に突き進んでいくかを明らかにしている。違法な監視に手を染めた公務員たちは、自らの違法性を追及されることを何としても避けるために、必死になって嘘をつき、法律を操作する。操作された法律はただ違法活動を追認し、行政権の歯止めとしての役割を果たさなくなる。法律がその名に値しない、権力の道具に成り下がるとき、民主主義もまた、その名に値しない権力の仮面になり、独裁政治へと内実を変えていく。

NSAの違法監視に協力したAT&Tなど通信会社に与えられた「遡及的免責」は、この点で、監視の権力に取り憑かれてしまった民主主義の禁じ手だったと言えるだろう。この原型が、米国だけではなく、世界中で、昨日まで受け入れられるはずもなかった違法監視を免責し、標準化するバラエティーを生んでいったように見える。日本でも、秘密保護法、改定盗聴法、そして共謀罪法と、違法な監視を合法化する法律が次々と立ち現れている。

話を西海岸に戻そう。AT&Tを訴えた電子フロンティア財団は08年、今度は大量監視の中止を求めてNSAと関係政府機関を直接提訴した。クライン氏の証拠とともに、この頃に報道された光ファイバー・ケーブルからの大量収集を裏付ける機密書類も提出され、さらに3人のNSA内部告発者（ウィリアム・ビニー、トーマス・ドレイク、カーク・ウィービー）も、AT&T内に設置されたのと同様の秘密監視拠点を通じて政府が個人の通信を大量に収集し蓄積していることを証言した。積み上げられた証拠を前に、政府ももはや大量監視の事実を認めざるをえなかった。だが、ブッシュ政権同様「国家機密の公開を要する訴訟は免除されるべきだ」と主張するオバマ政権によって裁判はつぶされた、とクライン氏は嘆く。

「悲しいのは違法監視を始めた共和党政権だけでなく、民主党政権もこれを隠す側に回ったことです。民主党は、監視活動を暴いて闘おうとはしなかった。選挙で票を獲得するために、非難するふりだけをした」

確かにオバマ大統領はスノーデン氏を「ただのハッカー」と非難し、米自由人権協会などが署名活動したスノーデン氏への恩赦を最後まで出さなかった。そればかりかオバマ政権は100年前に制定されたスパイ防止法を根拠に、過去に3件しかなかった内部告発者の訴追を他に6件も行い、内部告発の共犯者としてジャーナリストも訴追した。大統領になる以前は大量監視を批判していたオバマ氏が、どうしてここまで報道の自由の弾圧に与したのか？

クライン氏は「個人的な意見になってしまうけれど」と断って答えた。

「結局、民主党もまた共和党と同じくらい『帝国』の政党だということじゃないかな。民主党も、帝国のためにつくられた機関を壊したくはなかった。批判はするけれども、つぶすつもりはない。民主党は歴史的には労働者たちの権利を実現する党として考えられてきたけれど、実は多くの戦争を遂行し、戦争マシンに投資してきた党でもある、ベトナム戦争のようにね。民主党は帝国や戦争を支持していることをあからさまには見せたくないから、私たちを背後から刺した。もう一つの党と同じくらい、帝国に忠誠を誓っているから……」

通信上の接点が犯罪の証拠？

フォルサム通り611番地には、ありとあらゆる情報が流れ込んできた。メールに写真、ビデオ、電話、ネット閲覧——デジタルの世界では、個人の足跡が必ず残り、回線上で監視が可能になる。同時に、特定の地域や時期、宛先に送られたメッセージや、特定のキーワードを含む内容に絞り込むこともできる、とクライン氏は言う。

「NSAは『こういう内容を話しているメッセージを集めるように』と監視機器を設定し、優先的に洗い出してコピーすることもできる。通信の履歴だけではなく、メッセージの内容に踏み込んで、振り分けることができるのです」

日本の諜報機関や警察もこの技術を使えるだろうか、という私の質問に、クライン氏は「もちろん」と答えた。

「この監視技術はすでに商業的に入手可能です。イスラエルの何社かが商品化し、警察、軍、諜報機関、民間会社向けに見本市などで売り込んでいる。AT&Tやベライゾンもそれぞれ購入して使っている。日本の政府や電話会社がこの装置を持っていないとしたら驚きですね」

これこそ、私たちのコミュニケーションの内容に介入する共謀罪捜査に、警察が喉から手が出るほど欲しい装置ではないか。

16年の盗聴法改定後、警察庁は警察署内から盗聴できるソフトの開発を進めている。日本では盗聴捜査をするには必ず裁判所から令状を取らなくてはならないが、改定盗聴法は盗聴捜査の適用範囲を大幅に拡大し、盗聴の実施に従来義務づけられていた通信会社の立ち会いを不要とした。

クライン氏は「警察がしたいことを直接させるのは、明らかに危険だ」と警告する。米国でも元々は、FBI捜査官が令状を取得した上で、通信会社が割り当てた技術者によって盗聴が実施されていたという。しかし、それがAT&T内に諜報機関が一室を設け、諜報機関の許可を得た技術者が、令状もなしで盗聴する形態へと変わっていった。手続きを省略することで、警察は盗聴対象を限定せず、好きなときに盗聴できるようになっていく。これも日本の警察、諜報機関が求める方向だろう。

「監視のプロセスは多くが自動化されてしまったのです。しかも令状を出す外国諜報活動監視裁判所はNSAからのほぼすべての令状申請に承認のゴム印を押してしまう。令状取得すら、市民の防御にはならなくなっている」

外国諜報活動裁判所は1978年、外国諜報活動監視法のもとに創設され、ウェブサイトで「政府から申請された電子監視、物理的な捜索、外国による諜報目的の活動を調査するためのその他の形態について承認すること」を役割として説明している。ワシントン・ポストによれば、設置の発端は1974年、当時ニューヨーク・タイムズの記者だったシーモア・ハーシュが、CIAが過去20年以上にわたって違法に国内の政府批判者や反戦グループをスパイし、1万人以上の米市民のファイルを作成していたことをスクープした（2018年2月9日付）。政府は調査を開始し、違法盗聴の防止策としてつくられたのが1978年の外国諜報活動監視法だった。法律は極めて明確に、政府が国内で市民の通信を盗聴するためには令状を取らなくてはならないことを定め、そのために外国諜報活動監視裁判所を設置した。だが、法廷は非公開で、令状を申請する側の政府（もっぱらNSAとFBI）だけが出席する。盗聴される側が令状申請を知ることもなければ、抗弁する機会もない。一方的に怪しいと決めつけられて、監視が開始される。政府による違法盗聴の再発防止のためにつくられた裁判所は、それ自体が大きな秘密組織となり、民主的な透明性も公開性もない、監視に法的なお墨付きを与える場所となってしまった。

しかも大量の情報から「テロ」容疑者や関係者を洗い出す手法は、通信上で接点があったかどうか、という脆弱な根拠に過ぎない。米政府から「テロ集団」に指定されたグループのウェブサイトを見たからといって、このグループと関係しているとは言えない。新しい友人のインスタグラムにアクセスしただけで、その人をよく知っているとは言えないのと同じだ。けれども、こうしたわずかなつながりが、大量監視の手法では重大な証拠のように扱われていく。ピアリング・リンクスへ侵入することは、通信上のつながりをわしづかみにすることに他ならない。

「べつにテロと関係していなくても、これで誰と誰がつながっているかは一目瞭然。その情報が政府の手に落ちることは非常に危険です。なぜなら政府は政府に反対する人間を洗い出し、一夜のうちに一網打尽にできるから。フーヴァーが敵対者をこの方法でつぶしたことを忘れてはならない」
共謀罪の捜査も、まさに「共謀」を証明するための捜査が焦点となる。人間同士のつながりが犯罪化されることのダメージを、私たちはもっと真剣に受けとめる必要がある。それは日々の共感や連帯や挑戦の可能性を著しく狭め、人間関係を息苦しいものにしていく。

やがて来る変革のとき

違法な監視が法律の操作によって合法化され、合法化された監視がまた、なし崩し的に新たな違法監視を呼び込む。米国でも日本でも、こうして無制限な監視の拡大が始まっている。クライン氏は、たまたま知ったその端緒を、民主主義への重大な脅威と察知して、いち早く告発者になった。

「監視についてメディアがAT&Tに質問すると、AT&Tの広報担当者は決まって『国家安全保障に関することはお答えできません』と答えるんだよ。でも、その答え自体がすでにおかしいよね。へえー、国家安全保障？　おたくは電話会社かと思ってたよ、ってね」と氏は笑う。

ただクライン氏はNSAシステムを直接扱っていたわけではなかったので、NSAのスパイ活動を証明することに困難を感じてもいた。だからスノーデン氏の告発を「僕の言ったことすべてに確証を与えてくれた」と高く評価する。

「彼は私よりも組織内のずっと高いレベルで、ソフトウエアを扱っていた。私は下の方でトラブル・シューティングさ。私には全体像を見ることはできなかった」。スノーデン氏の示した機密文書群以上の証拠はない、と確信する。それだけに、その膨大な証拠を役立てなかった裁判官への怒りは強い。

「私たちは人々に違法監視の実態を知らせるという点ではよくやったと思う。けれど正直言って、裁判は、怒った人々が路上に出てこないと勝てない。裁判官は政府に反対する判決を書くとき、誰が自分に味方するかって考えるのさ。内部告発者だけでは、違法な監視は止められない」

ソファの告発者は、再び70年代を振り返った。

「そして政府の嘘を暴き、真実を広く知らせようとするメディアが必要だ。70年代のメディアはベトナム戦争に関して政府が嘘をつきまくっていることを知り、ダニエル・エルスバーグが暴露したペンタゴン文書を力を込めて報道した。なぜならニクソン政権を本気で嫌っていたからだ。民主党はニクソンに盗聴されていたから初めは様子を見ていたが、ある時点から政権を倒すことに本気になった。ニクソンを訴追まではしなかったがね」

内部告発者、真実を知らせるメディア、政府を倒す覚悟のある野党、そして怒れる大勢の人々。これが政府の暴走を止める方程式のようだ。だが、どうやって?

「そう、この条件をつくり出すことはできない。けれど、やがて来る。僕は大学で歴史を専攻したからわかるんだ。それは政府がどれだけ人々を抑えつけているかによる。政府が人々を抑えつけている間は、人々は怖がって反抗する気風は生まれない。しかし一年後には、人々は心の底から政府を嫌っているかもしれない。そうなるともう恐れない。違うモードに入るんだ。いまの政府は人々を助けるんじゃなくて、傷つけてばかりいるからね」

来るかどうかわからない転換期のために、この人は一人で行動したのか。政府からの仕返しを恐れなかったのだろうか？

「私は政府には勤めていなかったからね、何の法律も破っていない。政府は私を訴追できなかった。AT&Tは最初、私が持ち出した書類を返すように言ってきたが、それきりだった。訴えることはできたかもしれないけれど、そうすればこちらもAT&Tの違法行為を訴え、AT&Tはもっと多くの書類を法廷に提出しなくてはならなくなる。それが彼らにできた唯一の報復だったと思うけれど、私が書類を持ち出した理由が法廷で追及されるのを望まなかったってわけだ。政府？　政府がいまさら私をつけ回したって、もう遅すぎるよ。言わなきゃならなかったことは、もうすべて出てしまったから。何かすれば、政府の悪い宣伝にしかならない」

インタビューの最後に私は、この固有の歴史的時間軸を生きている元技術者が、そもそもなぜ告発に踏み切ったのかを尋ねた。

「私は目の前で起きていることが違法で不道徳で危険だと感じ、自分はそれを止められるかもしれないと考えた。もちろんリスクはあったが、この機会に賭けようと思った」

敬意を伝えた私に、彼は小さなかすれ声でこう言った。

「まあ、私にも信じるものがあるからね」

良心は集団ではなく、一人に宿る。市井の一人ひとりの勇気と信念が、巨大な闇の権力にくさびを打ち込み、民主主義をその名に値するものに近づけてきた。マーク・クラインからエドワード・スノーデンへ――内部告発者の系譜は、不正義を覆すときに向けて続く。

第五章　ネット監視に乗り出す日本の治安機関

防衛省・自衛隊、警察、内閣情報調査室

前章までに、在日米軍基地が世界監視の拠点化されてきたこと、日本政府が監視機器の増設に巨額の税金を支出して協力してきたこと、この背景に政府と企業による軍産・監視複合体があることなどを解明してきた。では、日本は実際にどれほど米国の監視活動に参加し、情報を共有してきたのか。この章では、スノーデン・ファイルが示す日米の濃密な共犯関係と、防衛省・自衛隊、警察、内閣情報調査室との連携、そしてこれら日本の治安機関の矛先が実際にどこへ向けられているのかを追う。

世界盗聴網に参加する日本

日本の防衛省は、NSAの様々なスパイ活動に参加している。

2005年2月24日付文書は、「クロスヘア」（CROSSHAIR＝銃器の照準レンズなどに、狙いを定めるために引かれた十字線の意）と呼ばれる国際盗聴プログラムに日本が参加したことを暴露する。クロスヘアにはNSAが「第三パーティ」と呼ぶ協力国のうちの16カ国・地域、オース

トリア、デンマーク、エチオピア、ハンガリー、イスラエル、インド、イタリア、日本、ヨルダン、韓国、オランダ、ノルウェー、パキスタン、サウジアラビア、スウェーデン、台湾が参加。各国からの情報提供によって、米国は高周波電波方向探知の能力を世界中に広げることができた、と記している。

クロスヘアによる電波探知は1993年10月に開始。それまでバラバラだった高周波電波の暗号解読活動を整理統合し、NSAが一つの方向探知ネットワークにまとめたという。クロスヘア以前には、米陸海空軍それぞれの暗号解読部隊が、それぞれ別々に電波を収集していた。文書はいう。

「実際、いくつかの大規模拠点（例えば三沢やハンザ）では、三つの暗号解読部隊がそれぞれ別々の盗聴網を運用していた（二つの暗号解読部隊が重複して高周波電波方向探知を実行していた拠点も数多くある）。しかしながら、それぞれの探知情報の間には相互運用性がなく、それぞれの部隊の探知活動のために別々の予算が必要だった（カネと資源の無駄遣いだった）」（カッコ内原文ママ）

「三沢」とはもちろん第三章で詳述した米空軍三沢基地（青森県）を指し、「ハンザ」は第二章で取り上げた楚辺通信所（沖縄県）を指す。この2地点が世界監視網の代表的な拠点として理解されてきたことを、改めて裏づける。

しかしながら、部隊の重複は1990年代初めに米軍の支出削減の対象となり、全体で約25カ所の盗聴拠点が閉鎖された。これは米軍にとって「高周波電波方向探知の任務が、標的について警告を鳴らす必要がある状況を察知する数多くの機会を失うことを意味した」ので、同様の役割を果たす他の情報源を模索し、第三パーティの国々に盗聴拠点を設けてネットワーク化するクロスヘア構想へとつながっていった。

「しかし実際には、我々の第二パーティのパートナーたちもすべてクロスヘアの常時メンバーだった。カナダは4カ所、英国は6カ所、オーストラリアとニュージーランドはそれぞれ1カ所の拠点を持つ。だが世界中には、まだ網羅されていない地域があったので、第三パーティがこの部分を補うことが可能か、自ら進んで援助してくれるのではないかと我々は考えた」

そこでNSAは「どこの国が自ら進んで関与したいだろうか」を検討し、そうした国々に連絡をとってクロスヘアを拡大していったという。米国が必ずしも強制したのではない。米国の支出を肩代わりし、率先して盗聴拠点の建設に動いた国々が、日本をはじめ名前が挙がった国々というわけだ。

文書は「このネットワークは、第三パーティのうち何カ国かがお互いに探知情報を交換する三者間合意が生まれるまでに発展している！」「クロスヘアの拡大は、高周波任務の責任者が『第三パーティの協力抜きには多分、米国の探知ネットワークを世界中に張り巡らせることはできなかったろう』と発言するほどまでに成功した」と興奮気味に終わる。

米軍に迅速に情報提供する自衛隊

ところが、NSAがここまで自画自賛するクロスヘアへの参加を、日本は2009年、突如中止したという。「日本と高周波電波分野で協力するためにＮＳＡが払った努力」と題された13年1月2日付の文書が、この顛末を伝える。

「ＮＳＡは長年、クロスヘア方向探知ネットワークを通じての高周波電波方向探知情報の交換において、日本の通信諜報本部と協力関係にあった。しかしながら、日本は２００９年にクロスヘアへの参加を終了した。日本は方向探知を手動で操作する方を望んだ。我々の考えでは、日本はクロスヘアに参加すると手動操作ができなくなると解釈したようだが、それは間違いだ。２００９年以降、このパートナーが高周波の情報交換に復帰するよう、地上周波部が働きかけてきた。その結果、日本の通信諜報本部は最近、ＮＳＡとクリーグライト高周波データを手動で交換することに合意した。それは２０１２年7月に開始され、中国と韓国のＮＳＡオフィスが日本の通信諜報本部に高周波の状況に関する２４８の要求を提出した。パートナーはこれらの要求に対し、平均で3時間以内と非常に効率的に回答し、両オフィスの分析官がＮＳＡのクロスヘアでは得られなかった、標的に関する情報を入手するのを助けた。同じ時期、日本の通信諜報本部は両オフィスに対して9つの要求を出し、すべての回答が迅速に届けられた」

この記述からは、防衛省情報本部電波部が独自に集めた情報をＮＳＡの国際監視ネットワークを通じて提供してきたが、途中からＮＳＡの個別要請に応じて、手動で回答する方式へ切り替えたことがわかる。手動というのは、ネットワークへのデータの自動送信ではなく、ＮＳＡに限定した個別のデータ送信という意味だろう。ＮＳＡも見返りに（しかし、ずっと少ない情報を）防衛省からの要求に応えて提供した。

文書はさらに、12年11月にＮＳＡが始めた新しい監視プログラムに参加するよう防衛省情報本部電波部のトップに働きかけ、さらに共同作業を進めるため、翌年にはＮＳＡの担当者が日本に招かれたことを記している。しかし、日本側は新たなプログラムに参加するには防衛省の承認が必要であること、予算の縛りがあることに理解を求めた、という。

この文書は、日本をさらに協力関係に引き込むために交渉に当たるＮＳＡ上層部へのブリーフィング目的で書かれたようで、交渉に当たっての注意点を述べている。「パートナーに協力を感謝すること」「ＮＳＡは今年もさらなる協力を進めるために代表者を日本に送ると伝えること」「ＮＳＡの最終的なゴールは、新たなプログラムを通じて自動的に情報交換することだと述べること。この自動交換は共通のデータ規格に基づき、日本はＮＳＡの高周波電波技術に適応する必要はないし、日本の通信諜報本部が現在の電波収集方法を変える必要もない」と、働きかけている。監視情報を選択して個別に渡したい日本側に対して、米側は日本の監視網から情報をすべて自動的に吸い上げたいと迫っている図式が、ありありと見える。

中国戦闘機の出動を誘発

この交渉の結末は文書に記されていないが、日本政府はすでに大量の監視情報をＮＳＡに提供してきたし、ＮＳＡがさらに多くの情報を日本から得ようと圧力をかけ続けたことを読み取っていいだろう。

では、防衛省はどのような方法で監視情報を集めてきたのか。

２００７年３月14日付の極秘文書は、その一手段として、偵察機によって上空から情報収集していることを明かす。

「ＮＳＡ関連部署はすでに１年以上にわたり、米国と日本が東アジアで実施している航空機による偵察任務によって得られた通信情報を交換できるよう、努力を重ねてきた――そして、その努力がいま報われた。米国は日本の通信諜報本部にＰＲＥＭＳ（予備任務概要報告書）の情報を提供し、日本も同様の情報を米国に提供するようになった」

「ＮＳＡ関連部署」とは、横田基地にあるＮＳＡ日本代表部と空挺情報収集管理部門、外務本部であることが但し書きされている。これらの部署が、日本側に提供する「標的情報」について「共有されるべきものと除外されるべきもの」について協議を重ね、標的の活動については開示できる範囲で提供する一方、実際の任務や収集した部隊については情報を削除することを決定した。

その結果、07年２月９日にＮＳＡ日本代表部は日本側から初めて航空自衛隊の偵察機ＹＳ‐11が収集した情報の概要報告書を受け取り、翻訳し、組織内の正式な回路で伝達した。その見返りに、米軍も同年２月15日、偵察機ＲＣ‐１３５から得た情報を防衛省情報本部電波部に提供。これは東シナ海で展開していた二つの任務で、どちらも中国の戦闘機の反応を誘発した事例だったという。「いまでは東シナ海、南シナ海、朝鮮半島、日本海の４方面すべての概要報告書が日米両サイドに共有可能となり、日本をベースに米国の空挺通信諜報部隊が獲得した中国、北朝鮮、そしてロシアの軍事情報に日本側はアクセスできるようになった」

航空自衛隊の偵察機YS-11は、空自サイトでは「国産中型輸送機」としてしか紹介されていない。が、ウィキペディアなどによれば、同型の「電子偵察機」と「電子戦訓練機」は現役で、航空自衛隊入間基地（埼玉県狭山市）に配備されているという。文書はYS-11とEP-3の写真を掲載しているが、防衛省は同機のごく基本的な役割すら公にはしていない。まして東シナ海、南シナ海、朝鮮半島、日本海での自衛隊の監視活動が私たちの耳に入ることはない。しかしこれが偵察任務としてルーティーン化し、実際に中国の戦闘機が出動するような事態を引き起こしていることは見過ごされてはならない。日本国内では、中国の軍事力の増大ばかりが報道されるが、米軍と一体になった自衛隊の偵察活動が中国側にとっては挑発としか映らないことを、私たちは想像する必要があるだろう。

そもそも日本はNSAにとって「第三パーティ」に区分され、けっして米国と対等な関係ではない。第三パーティの国々は、米国に協力しながら、監視されているという矛盾した立場にある。それを防衛省も知っているからこそ、NSAの要求に応じて米国の世界監視網に加担しながら、自らの情報が筒抜けになることを警戒しているのだろう。それが手動操作へのこだわりに現れている。そして米軍の側でも、防衛省に提供する情報を入念に精査し、抑制している。この微妙な関係は、味方であっても敵、敵であっても味方、というスパイ・ゲームの必然なのだろうか。

「日本は冷戦の発想に囚われている」

いわば下っ端の共犯者・日本に対するNSAの見方が、2008年11月19日付の文書「NSA

の第三パーティ内での評判はどうか？　日本はどんな通信諜報者といえるか？」に出ている。NSA日本代表部である国防省日本特別代表部の現役部長にインタビューした内容で、個人名は黒塗りにされている。

「日本の通信諜報本部は我々と似た方法論を持っている側面もあるが、いまだに冷戦の発想に囚われている。彼らは成功した通信諜報者で、特に通信分析と通信傍受技術において優れている。しかし、組織に我々との違いがある。彼らは通信諜報を特別なアクセスに限定された、最もセンシティブなプログラムとして扱っている。その結果、日本の組織はNSAが10年かそれ以上前に行っていたような旧式に留まっている。日本がこのように通信諜報を外に出したがらないので、彼らを多国間協議の場に参加させたり、日本政府内の他の部署に協力を広げさせたりすることさえ、非常に難しい。NSAと日本の通信諜報本部という二者の間では相互にいいパートナーだが、日本側は他国と混合の、またはより大きなグループとの情報交換には強い難色を示している」

日本の監視能力を高く評価しながら、秘密主義だとこぼしているのだ。裏を返せば、防衛省・自衛隊はすでに多くの通信に介入し、長年にわたって盗聴を実施してきたということだ。

この現役部長はインタビューで自分の経歴を明かしていて、興味深い。元々は兵士としてベトナム戦争に従軍し、除隊後に11カ月間オーストラリアやヨーロッパを旅行。帰国後に在籍したニューヨーク州のコーネル大学からインドネシアに留学し、「外国で暮らすだけでなく、その国の内側からものを見る機会を得た」という。その後、コーネル大学に戻った1980年代初めにNSAから勧誘されたという。

インタビューの後半は、彼個人のいわば組織内サクセス・ストーリーで、１９８０年代のマルコス軍事独裁政権下のフィリピンで、ベニグノ・アキノ氏暗殺事件（83年）と、その妻コラソン・アキノ氏が大統領に就任する革命（86年）に居合わせ、フィリピンの共産勢力やイスラム・グループによる武装闘争を弾圧するために情報を提供したこと、２００４年に初めてＮＳＡの代表としてパキスタンに赴任し、パキスタン軍の戦闘に有益な情報を提供してＣＩＡの鼻を明かしたことを冒険譚のように語り、リーダーシップや組織論についての私見を披露している。彼の経歴は、ＮＳＡが外国研究や地域研究で名門とされるアイビー・リーグに目配りして要員をリクルートする一方、アジア一帯で盗聴した情報を各国政府に提供し、政変や戦闘に具体的かつ直接に関与し、いわば対テロ戦争を始めるずっと前からイスラム・グループの諜報にいそしんできたことを示している。また、この人物が様々な任地で経験を積んだ後に国防省日本特別代表部のトップに就任したことは、ＮＳＡ日本代表部長のランクがＮＳＡ内でも高く、監視拠点としての日本の重要性を傍証している。

しかし、異文化理解の専門家にも見えるようなＮＳＡ部長は、その反面、なぜ日本の防衛省が「冷戦の発想に囚われて」いるようで、「通信諜報を外に出したがらない」かには立ち入っていない。高い技術によって傍受した通信を、防衛省はなぜ米国にだけ提供し、最もセンシティブなプログラムとして扱っているのか。

日本の逡巡――平和憲法という歯止め

私はそれは取りも直さず、このような自衛隊の監視活動が日本の平和憲法から大きく逸脱する行為だからだ、と考える。外国から敵対的と認識される監視活動は同時に軍事行動でもあり、外国との友好関係を脅かす。同時に、国内での令状手続きを得ない盗聴は、憲法で保障された通信の秘密を侵している。公になれば、控えめに言っても「自衛」の範疇を大きくはみ出しているという批判は免れない。防衛省は少なくとも、NSAへの協力とその内容を知られたときに、世論の批判と情報の開示、そして法的責任を追及されることを覚悟しなくてはならない。だから監視活動から得た情報を複数の国に提供したり、監視ネットワークに自動送信したりすることで、監視活動が暴露される確率が高まることを恐れているのではないか。

NSA高官は日本の敗戦から生まれた憲法の意味はおろか、戦争と平和が米国とはまったく違うレベルで、戦後日本の最大の政治的争点であったことを丸ごと見落としている。「戦争放棄」がいくら有名無実となっていても、歴代政権には少なくとも「専守防衛」というたてまえがあり、日米安保には極東地域の安全という限定がある。いくら憲法を率先して破壊し、改憲に向かって暴走する政権下であっても、「バレたらまずい」という感覚が、現場で関わる防衛省関係者にあって当然だろう。その意味で平和憲法と法の縛りはまだ生きている。

防衛省がNSAよりさらに秘密主義であるのが、平和憲法と違法監視のギャップを隠すためだとしたら、では逆に、その危険を犯してまでなぜ米国の世界監視システムに加担するのか。このNSA高官は同じインタビューの冒頭で、彼が考える理由に言及している。

「NSAは第三パーティの国々の間で広く、非常にいい評判を獲得していると思う。外国は我々をこの分野の最高峰だと認識している。外国のパートナーたちは我々に協力すれば自分たちに見返りがあると考えて協力する。米国に利益があるだけでなく、むしろ自分たちをより安全にするために役立つと。彼らは我々の専門性と高潔さを知り、パートナーとして信頼している」

「事実、NSAはときに米国の別の機関にとって、米大使にとってさえ、『ホットな商品』になるので、こうした機関は我々との関係を宝物のように大切にしている。ホスト国の政府はしばしば、彼ら自身の安全保障に関心があり、自分たちもNSAの活動に一枚かめないかと窺っている。そのような関心が、これらの国々との他の交渉のドアをこじ開ける機会にもなる」

つまり前の文書にもあったように、NSAの監視網に参加する国々は自らの利益にこそ興味があり、そのためにNSAからの見返り情報を求めて参加していると、このNSA高官は考えている。自分たちが押し付けているのではない、外国は参加したくてしているのだ、と。自らを「高潔」と表現してはばからない、NSA文書に幅広く見られる手前みそを割り引いて考えたとしても、これは一面の事実を照らし出しているだろう。日本のように米国がほとんど自由に使用できる基地を提供し、植民地的な扱いを甘受している場合でも、協力する政府には監視情報を利用したいという算段がある。防衛省・自衛隊には、防衛省・自衛隊のために監視情報を使うという独自の衝動がある。

この独自の衝動は、防衛省・自衛隊の立場からすれば、「国家安全保障」ということになるだろうが、監視が本当に国家安全保障に役立っているのかを確かめる情報は一切公開されない。それはまさに世界監視網と秘密が分かち難く結びつき、監視システムが民主主義の統制を受けない闇の世界で構築されてきたためで、防衛省・自衛隊は手にした情報を独占してきたといえる。永遠に検証できない諜報ネットワークが、民主的に選ばれた政府を超える権力となり、シビリアン・コントロールの大きな脅威となることは言うまでもない。もちろん政府が諜報機関を駆使して、両者が一体となって非民主的な政治へと傾斜していくことも考えられる。どちらにしても秘密を盾に、民主主義は掘り崩されていく。

防衛省がこれまで意識してきた平和憲法は、確かに監視活動に対して一定の歯止めの役割を果たしてきたように見えるが、政治的な「危機」が煽られ、「国家安全保障」が連呼されれば、後回しにされ、忘れられていく。北朝鮮ミサイル問題や韓国のレーダー照射問題のように危機が強調されると、監視活動の有効性は検証されないまま、地滑り的に拡大していく。

もともとは自衛隊を合憲と解釈するためにつくり出された「専守防衛」という概念も、急速に実態とかけ離れつつある。小野寺五典・前防衛相は平和憲法の下でさえ、「敵基地攻撃能力」の取得を主張してきたが、この人が座長を務めた「防衛計画の大綱」(防衛大綱)の与党ワーキンググチームは実際、専守防衛をかなぐり捨てた攻撃型装備を次々と盛り込んだ。18年12月に閣議決定された防衛大綱は、すでに安倍政権が決定したステルス戦闘機F35の大量購入(将来的に147機)、イージス・アショア(地上配備型迎撃ミサイル)2基の山口県萩市と秋田市への配備を追認し、さらに戦闘機が発着できる攻撃型空母の保有にも手を広げ、まさに望んだとおりの「敵基地攻撃能力」を獲得しようとしている。歴代政権は攻撃型空母を保有できないという立場だったため、「多機能の護衛艦」と呼んだままで「いずも」型と呼ばれる護衛艦の空母化を成し遂げ、米軍の後方支援に当てる計画だ。岩屋防衛相は「共同訓練の際に米軍の航空機が『いずも』から発着することはあり得る」と会見で認めている（18年12月18日付朝日新聞）。「専守防衛」を前倒しすることで、このような先制攻撃体制を組めば、戦争への歯止めはもはや皆無になる。

この防衛大綱と、同時に閣議決定された「中期防衛力整備計画」（中期防）のもう一つの特色が、「サイバー防衛」（と呼ばれる攻撃）であることは偶然ではない。防衛大綱は、軍事技術の進展に伴って「宇宙、サイバー、電磁波」といった新領域で「我が国としての優位性を獲得することが死活的に重要」と述べ、サイバー部隊を拡充し、「敵」のサイバー空間の利用を妨げるなど「サイバー防衛能力」の強化に優先的に取り組み、「有事」におけるサイバー攻撃能力の保有を検討するとしている。サイバー分野ではますます「自衛」と「侵略」の境は見えにくい。そしてこの分野こそ、ＮＳＡが暗躍し、日本をますます取り込もうとしている戦争の最前線なのだ。

たてまえとしての「専守防衛」すら葬り去ろうとする「攻撃大綱」の結果、２０１９〜23年度に調達する自衛隊装備は過去最高の27兆４７００億円に達した（中期防）。今後、安倍首相と取り巻きが執念を燃やす改憲を実現し、自衛隊を憲法に国軍として明記すれば、政府は「専守防衛」というかつての方針を気にもかけなくなるだろう。防衛省がこれまでＮＳＡに見せてきた情報共有へのある種の慎重さは、軍事化の攻勢によって風前の灯火となっている。私たちはもう、ＮＳＡをかつて苛立たせたような、平和憲法に由来する日本側のなけなしの逡巡や節度、あるいはバランス感覚といったものすら、閣僚や官僚に期待できなくなっている。

内閣情報官がNSAを訪問

先の文書でNSA部長が日本の頑なさについてこぼし、「日本政府内の他の部署に協力を広げさせたりすることさえ、非常に難しい」と発言してから10年が経つ――NSAは着々と、防衛省・自衛隊以外の政府機関にも関係を広げている。そしてNSAに協力する日本側の推進力は、政治の中枢から現れ出ている。

2013年1月29日付の文書は、日本政府の内閣情報調査室が、まさに6年後の防衛大綱で強調することになった「サイバー・ネットワーク防衛」(CND)分野で、米軍と連携を進めていることを明かす。

「日本の通信諜報本部は、サイバー・ネットワーク防衛を支えるために諜報データの供給を開始する任務を与えられた。彼らはNSAに、そのような実務能力を育成するための支援を求めてきた。この原動力の源は内閣情報調査室で、サイバー分野で日本側を主導するよう任命されている」

そのため内閣情報調査室のトップである内閣情報官が12年9月10日、NSA(場所は明記していない)を訪ねてサイバー・ネットワーク防衛について話し合ったという。またサイバー防衛は、同年11月に防衛省情報本部電波部のトップがNSAを来訪した際にも、重要な議題となったと文書は記す。

内閣情報調査室（内調）は内閣官房に属し、防衛省とは組織を異にする。内閣官房のウェブサイトは、内調の業務を「内閣の重要政策に関する情報の収集及び分析その他の調査に関する事務並びに特定秘密の保護に関する事務を担当」と説明している。このありきたりな一文から、NSAの世界監視網への参加や、戦争に直結する「サイバー・ネットワーク防衛」を想像する人はほとんどいないだろう。政府の嘘と秘密は、基本的な業務内容の説明にまで入り込み、あらゆるところで言語をねじ曲げているのである。

内閣情報官は内調のトップで、警察の公安出身者が歴代就任しているポストだ。11年12月に現在の北村滋氏が就任。公開文書は、12年9月にNSAを訪れた内閣情報官の名前を黒塗りにしているが、北村氏の任期中だ（NHKは17年4月の「クローズアップ現代＋」には内閣情報官の関与を一切伝えなかったが、同年9月の『サンデー毎日』拙稿が北村氏の可能性が高いと指摘した後、18年5月「NHKスペシャル」で黒塗りされていない文書を公開。北村氏であることを明かした）。

北村・内閣情報調査官は安倍首相に最も頻繁に面会する側近といわれる。やはり安倍氏と近い元TBSワシントン支局長・山口敬之氏の性犯罪容疑のもみ消しに協力した警察関係者として名前が挙がるなど、政権維持のために出身母体の公安警察を駆使することで知られている。警察の政治利用は権力の濫用に当たるが、序章で指摘したように、安倍政権は反対者の情報を集めて脅す、スパイ的手法にのめり込んでいる。前川喜平・前文科省事務次官の勤務時間外の行動を調べ、本人に「注意」しただけでなく、メディアにリークしたように。内閣情報調査室は公安警察であると同時に政権の一部であり、その部署がＮＳＡと直に情報をやりとりしていることを、この文書は初めて明かした。自衛隊と、警察および内閣官房という組織の壁を乗り越えて、諜報活動は政治そのものに入り込んでいる。

内閣官房のサイトによれば、内調には「内閣衛星情報センター」「カウンターインテリジェンス・センター」「国際テロ情報集約室」があり、複数の情報収集衛星からの画像を分析したり、ネット上で「国又は国民に対する脅威に関する情報の提供」（密告）を奨励したりしている。これらの機関が、ＮＳＡとの連携の隠れ蓑になり、内調の活動領域を広げていることが推測できる。

ＮＳＡ文書が挙げる協力内容は、6年後に書かれる防衛大綱を下書きするかのように、中国を対象にしたものが主だ。ＮＳＡは防衛省に、中国のサイバー活動に関する情報を収集する装置のリストを提供し、ＮＳＡ高官が13年1月に訪日した際には、内調と防衛省のリーダーたちに、自分たちがどのように中国のサイバー活動を探知する通信諜報を発達させたのかを説明した。内調と防衛省は「中国のサイバー活動組織について通信を収集し、分析し、報告する任務にいかに挑戦するべきなのかを理解したようだ」という。ＮＳＡは日本の治安機関を次々と取り込みながら、日本政府のなかに新たな協力者を掘り起こし、日本政治の中枢にスパイ活動を浸透させている。

エックスキースコアの提供

スパイのグーグル「エックスキースコア」の日本への提供も、まさにこのサイバー・ネットワーク防衛の文脈で登場する。ＮＳＡは日本をサイバー・ネットワーク防衛に参加させるた

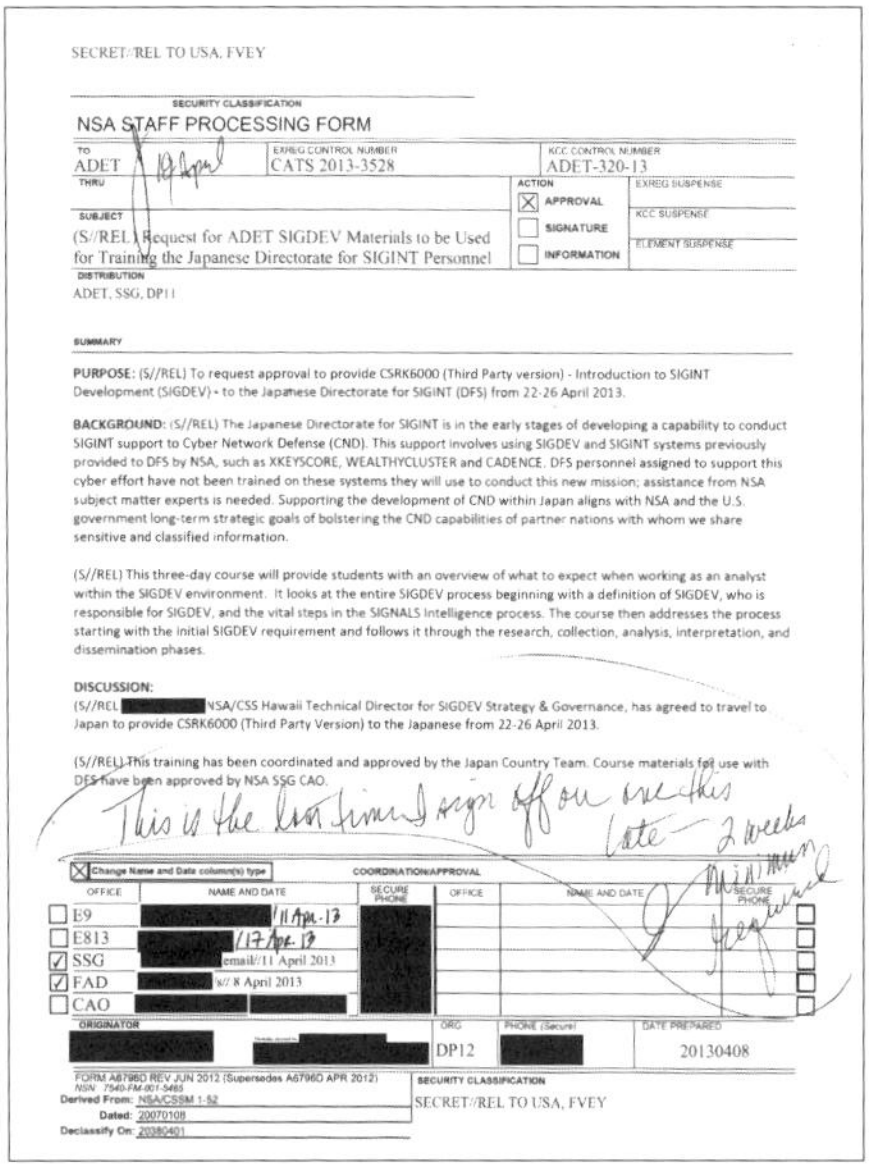
SECRET//REL TO USA, FVEY

SECURITY CLASSIFICATION

NSA STAFF PROCESSING FORM

TO: ADET
EXREG CONTROL NUMBER: CATS 2013-3528
KCC CONTROL NUMBER: ADET-320-13
THRU
ACTION: [X] APPROVAL [ ] SIGNATURE [ ] INFORMATION
EXREG SUSPENSE
KCC SUSPENSE
ELEMENT SUSPENSE

SUBJECT
(S//REL) Request for ADET SIGDEV Materials to be Used for Training the Japanese Directorate for SIGINT Personnel

DISTRIBUTION
ADET, SSG, DP11

SUMMARY

PURPOSE: (S//REL) To request approval to provide CSRK6000 (Third Party version) - Introduction to SIGINT Development (SIGDEV) - to the Japanese Directorate for SIGINT (DFS) from 22-26 April 2013.

BACKGROUND: (S//REL) The Japanese Directorate for SIGINT is in the early stages of developing a capability to conduct SIGINT support to Cyber Network Defense (CND). This support involves using SIGDEV and SIGINT systems previously provided to DFS by NSA, such as XKEYSCORE, WEALTHYCLUSTER and CADENCE. DFS personnel assigned to support this cyber effort have not been trained on these systems they will use to conduct this new mission; assistance from NSA subject matter experts is needed. Supporting the development of CND within Japan aligns with NSA and the U.S. government long-term strategic goals of bolstering the CND capabilities of partner nations with whom we share sensitive and classified information.

(S//REL) This three-day course will provide students with an overview of what to expect when working as an analyst within the SIGDEV environment. It looks at the entire SIGDEV process beginning with a definition of SIGDEV, who is responsible for SIGDEV, and the vital steps in the SIGNALS Intelligence process. The course then addresses the process starting with the initial SIGDEV requirement and follows it through the research, collection, analysis, interpretation, and dissemination phases.

DISCUSSION:
(S//REL [redacted] NSA/CSS Hawaii Technical Director for SIGDEV Strategy & Governance, has agreed to travel to Japan to provide CSRK6000 (Third Party Version) to the Japanese from 22-26 April 2013.

(S//REL) This training has been coordinated and approved by the Japan Country Team. Course materials for use with DFS have been approved by NSA SSG CAO.

This is the last time I sign off on one this late — 2 weeks minimum required

[X] Change Name and Date column(s) type

COORDINATION/APPROVAL

	OFFICE	NAME AND DATE	SECURE PHONE	OFFICE	NAME AND DATE	SECURE PHONE
[ ]	E9	[redacted] /11 Apr. 13	[redacted]			[ ]
[ ]	E813	[redacted] /17 Apr. 13				[ ]
[✓]	SSG	[redacted] email//11 April 2013				[ ]
[✓]	FAD	[redacted] s// 8 April 2013				[ ]
[ ]	CAO	[redacted]				[ ]

ORIGINATOR		ORG	PHONE (Secure)	DATE PREPARED
[redacted]	[redacted]	DP12	[redacted]	20130408

FORM A6796D REV JUN 2012 (Supersedes A6796D APR 2012)
NSN: 7540-FM-001-5465
Derived From: NSA/CSSM 1-52
Dated: 20070108
Declassify On: 20380401

SECURITY CLASSIFICATION
SECRET//REL TO USA, FVEY

文書3。日本政府のネット大量監視作戦を援助するために、NSAが2013年4月22−26日、講師を派遣する旨を記した文書。すでに日本政府にエックスキースコアを提供したことが登場する。

め、防衛省情報本部電波部に通信諜報開発（SIGINT Development, 略してSIGDEV）入門コースの講師を派遣しようとして、2013年4月8日付の秘密文書を発行した＝文書3＝。そこにはこうある。

「日本の通信諜報本部はサイバー・ネットワーク防衛に諜報データを提供するための実務能力を育成する初期段階にある。この情報提供は、エックスキースコア、ウェルシークラスター、ケイデンスのようなNSAが以前に同本部に提供した通信諜報と通信諜報開発のシステムを使用して実施される。このサイバー業務に当たる同本部の要員は、新たな任務を実施するのに必要な、これらのシステムを使用する訓練を受けていない。この分野のNSAの専門家が支援する必要がある。日本におけるサイバー・ネットワーク防衛の開発を支援するのは、センシティブな機密情報を共有するパートナーの国々のサイバー・ネットワーク防衛能力を我々がてこ入れしていくという、NSAと米国政府の長期戦略目標にかなっている」

つまり、NSAは13年4月以前に、エックスキースコアをはじめとする違法監視プログラムを防衛省に提供した。これらの監視システムを使いこなし、米国の監視網に貢献するサイバー・スパイを防衛省・自衛隊内に養成するために、この文書は書かれた。ハワイにあるNSAの技術センターから、通信諜報開発の専門家が「第三パーティ版」講座の3日間コースを教えるために日本へ行くことに合意した。13年4月22〜26日に予定された講座は、「通信諜報開発の定義」に始まり、主要な通信諜報開発に必要とされる過程や、傍受情報の研究、収集、分析、解釈、そして普及の段階までについて講義するという。

日本が実際に誰をターゲットに、何の目的で、どのようにエックスキースコアを使っているのか、文書は語らない。前述のようにスパイ組織同士は情報をめぐって駆け引きするのが常で、米軍が入手している全情報をそのまま日本に提供するとは考え難い。が、エックスキースコアがインターネット上の非公開情報を含めて個人を洗い出すシステムで、通信の秘密はもちろん、プライバシー権や情報の自己決定権を侵害する違法装置であることに変わりはない。明確なのは、米軍と自衛隊が一体化を進めるにつれて、こうした恐るべき電子監視網を、日本政府も利用できるようになっているということである。もちろん米国は日本からさらに情報を吸い上げるべく、エックスキースコアのアフターサービスよろしく講師を派遣するのだが、これが日本政府にとって「うまみ」と感じられ、NSAに講師の派遣を要請または歓迎する政治家と官僚たちがいるのだ。NSA部長が言ったとおり、政府は「自分たちに見返りがある」と考えるからこそ、米国仕様のスパイ・トレーニングを技術者たちに積ませている。

そしてサイバー防衛と呼ばれる活動こそ、インターネットをはじめとするデジタル回線上の通信を大量無差別に収集し、エックスキースコアのような違法監視システムを開発し、使用することに他ならない。防衛省と内閣情報調査室は実際、防衛大綱で方針として公表する以前に、NSAと共同でサイバー作戦に踏み切り、情報収集量を飛躍的に増大させていた。このことは終章で、追加公開された文書をもとにフォローする。

イラク派兵に反対する人々を監視——陸上自衛隊情報保全隊

エックスキースコアの用途を考えるには、日本の治安機関が現実に誰をターゲットにし、監視してきたのか見ればいい。スノーデン文書にその記述はないが、秘密に包まれた防衛省・自衛隊、警察、そして民間警備会社の一般市民に対するスパイ活動が近年、相次いで明らかになっている。

陸上自衛隊の情報保全隊は2007年6月、自衛隊のイラク派遣に反対する市民たちを監視し、情報収集してきたことが発覚した。共産党が入手した情報保全隊の内部文書は、04年のイラク派兵に反対して各地で開かれた集会やデモを「反自衛隊活動」「イラク自衛隊派遣に反対する国内勢力の動向」などと呼んで敵視し、集会の日時、場所、参加者数などのデータから、参加者を特定する顔写真、名前、職業、所属政党などの個人情報までを追跡調査し、記載していた(小野寺義象「自衛隊国民監視差止訴訟――裁判で明らかになったこと」『季刊救援情報』92号所収、日本国民救援会発行）。監視の対象者はイラク派兵関連にとどまらず、年金削減や消費税増税に反対する集会、イラク戦争の写真展、作家・小林多喜二展に携わった人にまで広がり、国会議員、地方議員、新聞記者、研究者、映画監督もマークされていた。

166ページの内部文書のうち62ページは東北方面情報保全隊が東北6県の住民をスパイした内容だったため、宮城県内の4人が07年10月、自衛隊による監視の差し止めと国家賠償を求める訴訟を仙台地裁で起こした。4人は当時、仙台地裁でイラク派兵違憲・差止訴訟を提起していた。原告はその後、東北6県に広がり、09年7月の第6次訴訟までに107人を数える大型訴訟に発展した。

仙台地裁で始まった裁判では、冒頭から国側が、暴露された内部文書が自衛隊の作成したものかどうか、内部文書に記載された監視活動を実施したかどうかの認否を拒否した。前章で触れたように、米国の法廷でも政府が国家機密を楯に同様の戦略を取ったが、米国の裁判官たちはこの論法を受け入れなかった。が、日本では畑中芳子裁判長が「国に認否する義務はない」と政府に肩入れし、裁判の異常さに拍車をかけた。原告側は行政と司法が結託した秘密主義に反発し、法廷は序盤、空転したという。

結局、裁判官が交代して、畑一郎裁判長が国に改めて認否を求め、実質的な審理が始まった。12年3月の一審判決は、内部文書について「真の原本が存在し、かつ、これらが情報保全隊によって作成されたことが認められる」「情報保全隊は、記載の活動等の状況等に関する情報のほか、以下のような個人に関する情報を収集及び保有したことが認められる」と事実認定した。この判決は監視の差し止めは却下したが、原告5人の人格権侵害を認め、国に計30万円の損害賠償を支払うよう命じた。国と原告の双方が控訴した仙台高裁では、原告一人についてのみプライバシー権の侵害が認められ、国は上告を断念、原告1人の勝訴が確定した。原告75人が上告した最高裁では16年10月、上告棄却が言い渡された。

この国の司法が民主主義にとって不可欠な政府の監視役を果たさず、政府の暴走を追認する様は目を覆うばかりだが、裁判闘争は内部文書が作成されたときに東北方面隊情報保全隊長だった鈴木健氏の証人尋問が控訴審で実現するなど、ひた隠しにされてきた自衛隊の監視活動を明るみに出した。その内容には戦慄を覚えずにはいられない。

まず、自衛隊の情報保全隊は「外部からの働きかけ等」に対して、情報収集を開始するという。「外部からの働きかけ等」には、自衛隊の海外派遣に反対する集会やデモだけでなく、米軍や自衛隊の活動に関する電話相談窓口を開設することや、自衛隊駐屯地の騒音について苦情の電話をかけることも含まる。自衛隊とは直接関係ない行動、例えば憲法の前文や9条のビラを成人式会場の入り口で配布する、スーパーの前で反戦歌を歌う、核兵器廃絶の署名運動をする、労働組合の街頭宣伝をすることまで該当していた。自衛隊員はこうした市民の活動を私服で撮影・録音し、さらには警察など他の機関から個人情報の提供を受けていることもわかった。

情報保全隊を統括するのは陸上幕僚監部運用支援・情報部で、監視によって集めた氏名、職業、住所、生年月日、学歴、所属団体、所属政党、交友関係、過去の活動などの個人データを振り分け、使用している。「外部からの働きかけ等」に関係した個人や団体は、自衛隊の業務に支障をきたす恐れがまったくない「他の活動」においても監視されるので、監視の範囲には際限がない。

市民は「謀略活動を行う敵部隊」?

この陸上幕僚監部が作成した「教範」(「情報」及び「情報科運用(試行案)」)と呼ばれる情報保全隊の教科書が、「保全」の主な機能を「敵」の情報・謀略活動を無力化すること、と定めていることも控訴審で判明した。「保全」は「敵」に対する「探知活動」と「無力化活動」によって達成されるとし、情報保全隊は「無力化活動」のための情報収集として「探知活動」を任務の中心としている。そして「無力化活動」とは、「敵などの情報・謀略活動を無効化する」防勢的活動と、「情報・謀略活動を行う敵部隊等の撃滅、施設・機材の破壊等により敵の情報・謀略活動そのものを排除する」攻勢的活動から成る、と教えていた。

背筋が寒くなる、とはこのことだ。自衛隊は市民が政治について発言することを「情報・謀略活動」と呼び、発言する人たちを「敵部隊」とみなしている。これは誰に対する戦争なのか。平和や人権に関わる幅広い社会活動や個人の関心を「無力化」するべく、情報保全隊は人々を追跡し、場合によっては「撃滅」や「破壊」にその実力を発揮しようとしている。米軍が対テロ戦争でよく使う婉曲用語「無力化」とはほとんどの場合、殺害か拘束を意味する。攻撃されているのは丸腰の個人、平和と民主主義を実現しようとする個々の営みそのものだ。

「有事」や「緊急事態」となれば、この市民監視は一夜にして最高レベルに引き上げられるだろう。前章でマーク・クライン氏が指摘したように、政府は戦争の遂行に邪魔になりそうな個人を予め目をつけておいて、一網打尽にすることができる。実際に戦争の邪魔をしたから、ではない。邪魔になりそうだから、である。「平時」から人々を監視しているのはそのためだ。密かに盗聴、盗撮した材料から勝手な予測を立て、一人ひとりを予防的に排除し無力化するための正当化材料にする。「情報保全」というにも無害そうな名称に隠れながら、自衛隊がその実、実行していることは、まさに戦争遂行を至上命題とする先制攻撃的な監視なのだ。

司法がこの危険を見落とし、自衛隊による監視活動の差し止めを却下したことは、米国のように違法監視に「遡及的免責」(第四章を参照)を与えてしまったに等しい。しかし、このような裁判官たちでさえ、自衛隊の個人情報収集範囲が無制限でいいとは言えなかった。仙台高裁は人格権を保障した憲法13条を根拠にプライバシー権の保護を認め、「氏名、職業、住所、生年月日、本籍、学歴、所属団体、所属政党、個人の交友関係は、プライバシーに属しうるものであり、その収集には当然一定の限度があるべきである」とし、自衛隊の「情報収集行為の目的、必要性、態様、情報の管理方法、情報の私事性、秘匿性の程度、個人の属性、その他の事情を総合考慮する必要がある」という判断基準を示した。この基準から見れば、医療費負担増の見直しや年金制度の改変に反対する活動、春闘の街頭宣伝や小林多喜二展などについての情報収集は必要がない、と判示した。自衛隊の監視活動のあまりの無制限さ、無関係さに、保守的な判事たちでさえ驚いたのかもしれない。

一審の仙台地裁は、憲法13条の意義にもう一歩踏み込んで、「自己の個人情報を正当な目的や必要性によらず収集あるいは保有されないという意味での自己の個人情報をコントロールする権利は、法的に保護に値する利益、すなわち人格権として確立されている」と判決した。戦時体制としての監視の合法化が進んでいくなかで、無制限な監視に対抗する法的な基軸を急ピッチで具体化しなければならない。

勝手な憶測と先回り――警察も市民を敵視

政治について発言する人々への、治安部隊の歪んだ被害妄想は、警察にも共通して見える。２０１４年７月に発覚した岐阜県警大垣署の市民監視事件、２０１６年８月に報じられた大分県警別府署のビデオ盗撮事件がそれを語る。

岐阜県警は極秘の監視活動によって集めた、市民４人についての偏見に満ちた個人情報を企業に吹き込んでいた。事の発端は、中部電力の子会社「シーテック」（名古屋市）が、２００５年ごろから大垣市上石津町と同県関ケ原町の境で風力発電を計画したこと。計16基の大型風車が山の尾根に建設された際に環境や健康に及ぼす影響について、地域住民が勉強会を始めた。10人程度の勉強会だったが、この動向について大垣署の警備課が中部電力岐阜支店に連絡を取り、大垣署とシーテック担当者の「意見交換」が始まった。

シーテックが作成した「議事録」によれば、両者は13年８月、14年３月、同年５月、同年６月に面談。初回の13年８月に、大垣署警備課の警部と巡査長は勉強会を呼びかけた住民、三輪唯夫さんと松島勢至さんについて「風力発電に拘らず、自然に手を入れる行為自体に反対する人物であることをご存じか」「同じ岐阜県内で活発に自然破壊反対や希少動物保護運動にも参画しており、岐阜コラボ法律事務所とも繋がりを持っている」とシーテック側に切り出した。そして、「また、大垣市内に自然破壊につながることに敏感に反対する近藤ゆり子氏という人物がいるが、ご存じか」と、勉強会と無関係な近藤さんに言及。さらに「本人は、60歳を過ぎているが東京大学を中退しており、頭もいいし、喋りも上手であるから、このような人物と繋がるとやっかいになると思われる」と、勝手な憶測を伝えた。そして「このような人物と岐阜コラボ法律事務所との連携により、大々的な市民運動へと展開すると御社の事業も進まないことになりかねない。大垣警察署としても回避したい行為であり、今後情報をやり取りすることにより、平穏な大垣市を維持したいので協力をお願いする」と結んでいる（議事録は「大垣警察市民監視違憲訴訟の勝利をめざす『もの言う』自由を守る会」ウェブサイトで公開されている。https://monoiujiyu-ogaki.jimdo.com/意見交換記録-議事録/）。

14年5月の面談で大垣署は、勉強会と無関係なもう一人を「危険人物」としてシーテックに情報提供。「三輪氏は岐阜コラボの事務局長船田伸子氏とも繋がっており、そこから全国に広がってゆくことを懸念している。現在船田氏は気を病んでおり入院中であるので、即、次の行動に移りにくいと考えられる」。船田さんは実際には入院していなかったが、どうして体調不良を警察が把握していたのか。

大垣署とシーテックの「意見交換」は当初、この議事録を入手した朝日新聞が「岐阜県警が個人情報漏洩」の見出しで特報した（14年7月24日付）。「漏洩」というのは、業務上知り得た情報が外部に明かされるべきではないのに誤って漏れてしまった場合を指す場合が多い。が、大垣署警備課は業務上たまたま知った4人の情報をうっかり漏らしてしまったのだろうか？　違う。警察は意図的に調べてきた4人の情報を、不正確な情報や一方的な見立てを交えて積極的に私企業に吹き込んでいる。何の目的で？　議事録は、両者が住民運動を事前につぶす目的で面会していたことを明示している。だが、そもそも勉強会や住民運動は犯罪ではないのに、警察が関係者と無関係者（！）をスパイすることが業務として許されるのだろうか？

大垣署の行動を「情報漏洩」問題として伝えるのはミスリーディングだ。この「議事録」が与える最も深い衝撃は、警察が犯罪と無関係な人々を長年、プロファイリングしてきたという事実にある。4人への監視は、風力発電計画をきっかけに始まったのではない。警察は4人をずっと以前に人物特定し、学歴や職歴や病歴を集め、発言や行動を記録し、交友関係を探ってきた。それらの情報に基づいて、疑いと偏見に満ちた予測を立て、4人の次なる行動をつぶそうと、先回りして企業にはたらきかけたのだ。松島さんが「風車事業に関して一部法律事務所に相談を行った気配がある」（14年3月の議事録）とか、近藤さんが「風車事業に対して動き出す気配がある」（14年6月）など、「気配」の根拠は不明のまま、プロットが立てられていった。挙句の果てに、「今後、過激なメンバーが岐阜に応援に入ることが考えられる。身に危険を感じた場合は、すぐに110番してください」（14年5月）とシーテックに告げ、4人はすっかり「過激派」に仕立てられてしまった。何も起きていないのに、である。

「平穏」と「過激」の倒錯

警備課員たちの発言は、実際にはもっと生々しい表現だったろうが、内部文書は警察が何を「平穏」と考え、何を「過激」とみなすかを如実に語っている。「平穏」とは、政府や企業が計画したことに誰も異を唱えない社会だろう。誰も政治に関心を持たず、誰もが権力に唯々諾々と従い、しばしば感謝しさえするような、統治する側にとって非常に都合のいい世界。これはほとんど封建時代の領主の感覚に近い。時代錯誤も甚だしいが、単に古い考えと見過ごすことはできない。

というのも、現実の世界では人々が異なる考えを持つ。その考えを抑え込むのではなくて表現し議論しなければ、主権在民は実現しない。個々人が意見を持ち、行動すること自体を「過激」と呼ぶ国家や企業は、個人の存在自体を否定している。もちろん、自分たちに都合のいい考えや行動なら、歓迎するだろう。批判的な思考、自分たちの利益に反する行動にだけ、先回りして「過激」のレッテルを貼る。民主主義にとって必要不可欠で、保護されなければならない市民の政治参加を敵視するような警察はむしろ、民主主義にとって潜在的な脅威だ。実際、警察の望むような「平穏」な世界、誰もが同じ考えで、同じように権力に喜ばれる行動を取る社会は、全体主義と呼ばれている。

事件の発覚後、被害者の4人は岐阜県警と同県公安委員会に抗議し、両者を地方公務員法違反で刑事告発した。県警と公安委員会は14年11月、暴露された内容について「通常の警察業務の一環」と回答し、開き直った。4人は16年12月、岐阜地裁で県を相手取った国家賠償請求訴訟を提起し、さらに18年1月、「県警と警察庁が保有する個人情報を抹消せよ」という請求を追加し、被告に国を加えた。

県警側は裁判で、自衛隊と同じように、監視活動の証拠である文書の認否を拒否した。「管内の公共の安全と秩序の維持、犯罪の予防鎮圧を目的として情報収集活動を行うことがその責務である」からだという。「警察がどのような情報を、いつ、どのように収集し、保管しているか、といったことが外部に明らかになれば、今後の情報収集活動自体の遂行が困難になるばかりか、公共の安全と秩序の維持に重大な影響を及ぼすおそれが生じることになる」と答弁書で述べている。しかし、「情報収集対象者に対抗措置を執られるだけでなく、それを逆手に取って不法行為が行われることも十分に考えられ」るとまで書くのは、不法行為と無関係の4人に対する侮辱に等しい。ここまで市民を危険視する警察の妄想に、私はついていけない。

警察の活動は無制限ではない。警察法2条1項は「警察は、個人の生命、身体及び財産の保護に任じ、犯罪の予防、鎮圧及び捜査、被疑者の逮捕、交通の取締その他公共の安全と秩序の維持に当たることをもってその責務とする」と定めたうえで、同2項で厳しくこれを限定している。「警察の活動は、厳格に前項の責務の範囲に限られるべきものであって、その責務の遂行に当たっては不偏不党且つ公平中正を旨とし、いやしくも日本国憲法の保障する個人の権利及び自由の干渉にわたる等、その権限を濫用することがあってはならない」。この条文に照らせば、「個人の権利及び自由の干渉」に当たる不法行為をはたらいているのは警察に他ならない。

警察権力の濫用にこそ公共の安全への脅威を感じる人たちは、「大垣警察市民監視違憲訴訟の勝利をめざす『もの言う』自由を守る会」を結成した。会発行の「基本資料集」は、被告に国を加えた理由を「証拠保全で出てきた情報（「議事録」）は原告4名に関わる個人情報、という面からだけみても、氷山の一角にすぎません。『目をつけられた』多くの市民の個人情報が大量に収集され、公安警察の組織上、その情報は警察庁に集積しているはずです」と指摘している。岐阜県警大垣署警備課の監視事件は、公安警察が「平穏」と「過激」を倒錯させた世界観に基づき、権力にとって不確定要因となる人々の行動を封じ込めるため、組織的に個人データを集めていることを示している。

野党の選挙事務所をビデオ盗撮

大分県警別府署は、２０１６年7月10日投開票の参議院選挙を前に、野党候補者の選挙事務所に出入りする人々をビデオカメラで盗撮していた。別府市南荘園町にある別府地区労働福祉会館の敷地内で、草むらに設置された2台のカメラが、それぞれ会館の玄関や駐車場付近を録画していたのが発見された。撤去されたカメラの内容から、選挙公示日（6月22日）以前の同18日深夜に別府署員がこっそり設置し、発見される24日まで5日間以上、建物内にあった民進党や社民党の地区選対事務所に出入りする個人の顔を、識別できるレベルで撮影していたことが発覚した。

大分県警は「政治活動を制限された公務員が選挙運動していた」という容疑情報があったことを盗撮の理由に挙げたが、具体的な内容は説明していない。警察庁が設置前の時期に、選挙違反取締対策者の会議でカメラの使用を奨励していたことも明らかになった。

大分県警刑事企画課は調査の結果、土地の管理者に許可を取らなかったことを「不適切」とし、カメラの設置を指示した別府署員4人を建造物侵入の疑いで大分地検に書類送検し、県警監察課はそのうち2人を懲戒処分、残る2人と署長、副署長を本部長訓戒とした。松坂規生県警本部長は県議会で「設置に当たりまして住居侵入という罪を犯しておこなわれたものでありまして、また必要性・相当性もない不適切な捜査であったというふうに考えております」と答弁し、「別府署の判断ミス」で済ませようとしている（加藤正信「大分・別府警察署による隠しカメラ盗撮捜査事件について」前出『季刊救援情報』92号所収）。しかし、地権者の許可を取らないカメラの設置については違法性を認めても、撮影される側の許可を得ないカメラの使用、つまり盗撮行為については、通常捜査の範囲内という考えを示している。

連合、自由法曹団、国民救援会は同年9月、警察庁に盗撮の徹底究明を求める要請書を出し、「今回の盗撮は、公選法捜査に名を借りた重大なプライバシー侵害の違法捜査であり、公選法の『選挙の自由妨害罪』（225条）」に当たり、「警察が野党候補に打撃を与えるための政治的狙いをもって情報収集していた」と抗議している。隠しビデオカメラはわざわざ激戦区の野党事務所だけを選んで、闇にまぎれて設置されたのだから（野党統一候補は僅差で当選した）。新たな監視の機器が権力の分布地図に応じて使われること、しかも選挙という民主主義の基盤をつくり出すプロセスにまで侵食していることを、この事件は示している。盗聴法や共謀罪法、共通番号法など監視法制に賛成票を投じた国会議員のほとんどは、まさか自分が監視される側になるとは思っていなかっただろう。が、議員や官僚たちも自覚した方がいい。誰が監視対象になるかを決めるのはあなたではない。監視の道具を手にした者たちなのだ。

辺野古で抗議する人々をリスト化——防衛省と警備会社

そしてまた、民間企業も個人を監視して集めた情報を政府に提供している。

米軍の新基地を建設している沖縄県名護市辺野古で、警備会社が防衛省の依頼によって、基地建設に反対している人たちのリストを作成していたことが明るみに出た。この警備会社は「ライジングサンセキュリティーサービス」（東京都渋谷区、以下ライジング）で、防衛省沖縄防衛局が辺野古の海上警備を委託。船上で抗議活動をする市民らを撮影し、顔写真を2枚1組にして60人分を一覧表にしていた。リストは警備艇に備え付けられ、「顔写真には通し番号が振られてフルネームが記載。氏名を特定できなかった人物については『白髭《しろひげ》のもじゃ』『ぱっとしない』『クバ笠《がさ》』など独自の呼称を記しているケースもあった」（２０１９年1月28日付毎日新聞）。年齢や職業、家族の名前や所属政党、出身校などの経歴を記した資料も作成され、手や足の負傷についての情報を書き込まれていた人もいた。

このリストの存在は、沖縄タイムスが２０１６年5月14日にスクープしたが、政府は関与を否定。仲里利信衆院議員（当時）の質問主意書に対して、安倍内閣は同年8月8日、「『市民の写真撮影や氏名・顔写真のリスト作成、個人情報の収集、政府への報告』を政府として指示した事実はない」という答弁書を閣議決定まででした。しかしその後、毎日新聞が、ライジングの現場責任者から代表取締役に宛てた複数の社内「報告書」を入手。沖縄タイムス報道の翌日に書かれた5

月15日付の報告書で、沖縄防衛局調達部次長から15年2月ごろに『『反対運動を継続的に行っている人及び船舶の傾向を把握し、より安全な作業を実施してゆくために、反対派リストのようなものを作り監視してほしい』旨の依頼があり作成した」と書いていることが明らかになった。

ライジングは沖縄タイムス報道時に市民リストの作成を認めていたが、政府からの依頼ではなく、社の「独自の判断」で作成し、防衛省には提供せず、破棄したと説明していた。しかし社内文書ははっきりと沖縄防衛局からの指示を記し、政府と警備会社が口裏合わせをしていたことを証拠づけた。

毎日新聞は続けて、リスト化された市民の情報が防衛省に提供されていたが、両者がその後情報を削除して証拠隠滅を図った形跡があることも特報した（19年1月29日付）。これは沖縄タイムス報道を受けて、リスト化された男性が16年5月、ライジングが防衛局に提出した「海上警備報告書」を情報公開法に基づき開示請求したことへの対応と考えられている。海上警備報告書は、警備上の支障などを理由に大部分が非開示となった。自衛隊や警察同様、公共の安全や秩序の維持を理由に情報公開を阻止する手法が広がっている。この男性は19年7月、今度は個人情報保護法に基づいて自己情報の開示を防衛局に請求したが、「不存在」という回答を受けた。

ところが毎日新聞が入手した16年12月8日付の社内報告書は、男性の開示請求の経緯を説明し、「当社が沖縄防衛局に提出している全ての文書に該当する記載が一切なくなるよう5月時点で調整を完了しております」と記していたのだ。つまり、ライジングは辺野古の現場で抗議活動をしている市民の情報を沖縄防衛局に提出したが、防衛局は個人情報の保持を否定するため、報告書からの削除を指示した。ライジングの現場責任者は、防衛局から個人情報を取得したくないから出し直してほしいと言われたので、抗議船の船長の名前などを削除した、と毎日新聞のインタビューに答えている。

内部文書が沖縄防衛局調達部次長から警備会社への指示を明らかにした後も、政府は「指示した事実はない」（岩屋防衛相）と強弁している。だが、いくら仲良しクラブで閣議決定を繰り返しても、第三者の目から見れば真実はもはや明らかだ。そして実際には、政府は「指示」以上にもっと深く、この市民監視に関与している可能性がある。

というのは、警備会社は警察官の代表的な天下り先だが、ライジングの顧問にも15年11月、池田克彦・元警視総監が就いている。池田氏は警視庁で警備部長や警備局長を歴任した公安畑出身で、警視総監退任後には原子力規制庁の初代長官に就任している。これまで見たように、公安警察は広い監視網を政治的に使用しているから、日米関係の最大のホットスポットである辺野古に網を張っていないわけがない。リスト化された人々の家族関係などの詳細な個人情報は、辺野古の現場で写真撮影しただけではわかりようがない。公安警察が集めた個人情報も、沖縄防衛局やライジングに提供された可能性がある。

さらに警察官僚は警備会社だけではなく、保険会社や技術系企業、メディアなどに幅広く天下りし、民間から情報収集できるルートを蓄えている。現代の監視ネットワークは国家機関だけでなく、膨大な個人情報を業務上入手している民間企業からも成っていることを、私たちは重ねて肝に命じる必要がある。

それにしても、ライジングは個人情報を適切に扱っている企業として、経済産業省の外郭団体からなんと「プライバシーマーク」を取得し、ウェブサイトに掲載している。これは悪い冗談か、いまの世界でいかに虚実が転倒しているのかを示す好例なのか――。

人々の自由を恐れる政府

ここに挙げた防衛省・自衛隊、警察、民間会社による四つの監視事件は、米国から最新監視システムを入手した日本政府がその矛先をどこに向けるかを示している。それはひとことで言えば、権力に唯々諾々とは従わない不特定多数の者たち、本当の意味での「市民」たちだ。まさにスノーデン氏の言ったとおり、「これは犯罪捜査やテロ対策とはなんの関係もない、権力の濫用」であり、「監視はどんな時代でも最終的に、権力に抗する声を押しつぶすために使われている」のである。

権力の座にある者たちが、およそ大きな力を持っているようにはみえない一個人の行動を過大に危険視し、不釣り合いなまでに巨大な組織や技術を動かして監視することに、私は驚きを禁じ得ない。環境問題について勉強会を開いたり、米軍基地の建設に反対したりすることが、それほどまでに権力を脅かすのだろうか？　現政権はどんなに世論が反対しても集団的自衛権を合法化する法案を強行採決し、辺野古への建設資材搬入を止めようと米軍キャンプ・シュワブ前で座り込む人たちを実力で排除してきた。この権力は反対者を前にして躊躇のカケラも見せないし、反対行動に携わる人たちの方がキリキリと歯噛みしているというのに。

だが、治安機関の目には違って映るようだ。権力の影響から離れ、独立した考えを持ち、自分の身体で行動する個人が広がることを、心底恐れている。だから目に見えないかたちで個人を封じ込めようと暗躍し、生活のあらゆる側面を見張るために監視の範囲を無制限に広げていく。節度ある監視とか、控えめな追跡とかいったものが存在しないのはそのためだ。批判的な思考と人間的なつながりを食い止めるために、猜疑心が果てしなく駆り立てられている。

しかし見方を変えれば、これは案外、個人というのはとてつもない力を秘めているという証しなのかもしれない。日本の政治文化は幼年期から繰り返し個人には大した力はないと教え込むし、事実、どれだけ自由で平等な社会を望んで行動しても、変化はすぐには訪れない。私たちはたいてい、どうせ自分は無力だから言っても無駄だし、やっても疲れるだけだと諦めている。いまの政府もそれを日夜、人々に繰り返し叩き込んでいる。それこそが、よく言われる日本社会の閉塞感を強固にしているのだし、出口がないという感覚を「空気」にまで変えてしまったのだ。人々はその結果ますます政治に無関心になり、息苦しさがどこから来ているのかに気づかない。悪政の結末をそうとは知らずストレスとして抱え込み、日常的に傷つけられる尊厳のやり場を失って、より弱い者に襲いかかるか、憂さ晴らしに走るかしてしまう。結果、やりたい放題の剥き出しの権力行為は、いまや盤石に見える。

けれども実際には、権力の座にある者たちは力ない者たちが動き出すことを、とても警戒している。人間がいったん内側から突き動かされて、個人と個人が共鳴し出したときの成長と創造のスピードを、知っているかのように。

だとしたら、私たち一人ひとりに備わった可能性を、監視のせいで、生きる前から死に至らせてはならない。私たちは「無力化」されたくない。監視は変化が起きようとする場所に先回りして、可能性の芽を摘もうとする。あなたの可能性を摘み取らせてはならない。一秒ごとに可能性を開花させ、変わっていく風景を見よう。出口はそこにある。

終章　監視が世界を不安定化させている

全体主義と監視資本主義の台頭

本書は、目に見えない電子的な監視の広がりによって、新しいタイプの情報統制と世論操作が始まっているという問題意識から、17年4月に公表されたスノーデン日本関連ファイルを徹底分析してきた。締めくくりは、その後、公開されたスノーデン・ファイルとNHK報道をフォローするとともに、日米関係を超えて、大量無差別監視問題を現代社会のなかに位置づけてみたい。スノーデン・ファイルはそれだけの射程を持った問いを突きつけているのに、日本では社会的にも学問的にもメディアにおいても、この問いがまだ真剣に受けとめられていない。日常に張り巡らされたデジタルな監視は、すでに世界の政治経済のありようを変えている。監視を横断的、根源的に考えることは、次々と入り込んでくる監視技術をいかに見抜き、拒絶して押し戻すかという現実的な対応を選択するために欠かせない。この機を逃せば手痛い目にあうのは私たち一人ひとりで、スノーデン氏の行動は岐路に立つ私たちに選択のチャンスを与えているのだ。

追加文書の公開とＮＨＫの続報

ＮＨＫは18年5月19日、スノーデン日本関連ファイルの続報として「ＮＨＫスペシャル　日本の諜報　スクープ最高機密情報ファイル」を放送した。それと同時にインターセプトも「日本の秘密スパイ機関の知られざる姿」と題した記事を掲載し、スノーデン氏提供の新たなＮＳＡ機密文書３本をウェブサイトで公開した（https://theintercept.com/2018/05/19/japan-dfs-surveillance-agency/）。

50分にまとめられた番組の半分は、17年4月に公表されたＮＳＡ文書について追加取材し、私が17年夏に書いた『サンデー毎日』連載を追いかけるような内容だった。言葉を換えれば、ＮＨＫがほとんど触れなかった文書の核心的な部分——横田基地のＮＳＡ施設が日本の税金によって賄われ、そこで建設されたアンテナによって米軍がアフガニスタンやイラクを攻撃したこと、日本がクロスヘアと呼ばれる国際監視ネットワークに参加してきたこと、防衛省以外に内閣情報調査室がＮＳＡと連携し、ＮＳＡを訪問したトップとは北村滋・内閣情報官その人だったこと——を、やっと一年経って放送した。といっても、番組の冒頭は再び大韓航空機撃墜事件の内幕で、「クローズアップ現代＋」の焼き直しも含まれていた。

新たに公開されたＮＳＡ文書は、番組後半になってようやく登場する（新聞記者は一番大事なことは冒頭に書けと教育されるが、テレビでは違うのかもしれない）。焦点は、日本版ＮＳＡとしての防衛省情報本部電波部の組織像とインターネット監視拠点の一つ、福岡県筑前町の防衛省情報本部・太刀洗通信所である。番組は防衛省の元職員や現役職員に取材して、電波部が東京・

市ヶ谷にある防衛省敷地内の「C－1」と呼ばれる別棟に位置し、防衛省内でも「何をやっているかわからない」秘密の存在であることを伝える。そして、電波部がNSA向けのプレゼンテーション用に準備したスライドをもとに、12年から内閣情報調査室の主導の下、ネット監視に本腰を入れ、その拠点として太刀洗通信所にアンテナを増設し、衛星通信を傍受していることを取材した。

この新事実は重要なので、NHKが報道しなかったことを含め、公開されたNSA文書自体とインターセプトの記事、その他の情報源から分かる詳細をここで説明しよう。インターセプトのガラハー記者によれば、防衛省情報本部電波部は情報分析や暗号解読など計11の部署に分かれ、職員は約1700人に上る（対するNSAは3万人以上、NSAと最も近しい英国の諜報機関GCHQは6000人以上とされる）。電話やメールの情報を収集している盗聴設備は少なくとも日本全国に6カ所あり、集めた情報はこの地下4階、地上8階建てのC－1ビル内にいる分析官たちのもとへ届けられるという。ただし、ボールとタンターの別の著作『日本の通信諜報地上施設・ビジュアルガイド』（2015年）は、日本はこれまでに計17カ所、もうすぐ19カ所目の電波通信傍受施設を設けようとしている、と書いている（稚内、宗谷岬、礼文島、標津、羅臼、東根室、根室、東千歳、奥尻島＝以上、北海道、小舟渡＝新潟県、美保＝鳥取県、大井＝埼玉県、硫黄島＝東京都、太刀洗＝福岡県、背振山＝佐賀県、福江島＝長崎県、喜界島＝鹿児島県、宮古島、与那国島＝以上、沖縄県）。

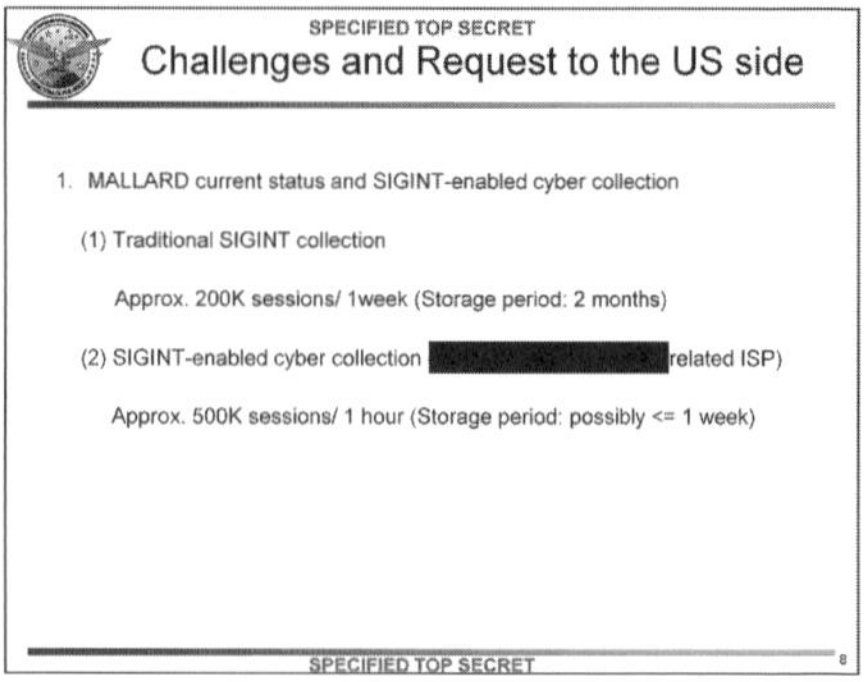

文書4。防衛省情報本部電波部が作成したNSA向けスライドの1枚。ネット大量監視を太刀洗通信所（福岡県）で開始した結果、収集データ件数は1週間に20万件から、1時間に50万件へと一挙に拡大した。

インターネット大量監視に踏み切った日本——1時間に50万件の通信を収集

これらの監視拠点のうち、防衛省情報本部電波部が13年2月に作成したNSA向けのスライドは、太刀洗通信所で開始した「マラード」（MALLARD＝真鴨の意）と呼ばれる監視プログラムについて設置経緯や性能を解説している＝文書4＝。この極秘文書によれば、12年1月に防衛省防衛政策局長が訪米し、米国の通信諜報によるネット監視の構造についての説明を受けた。続いて、横田基地のNSA日本代表部と防衛省の間で数回の勉強会が開かれた。電波部は同年5月初旬、ネット監視プロジェクトを推進することを決定し、同月末に情報本部長が米国のNSA本部を訪問、「NSA長官のアレクサンダー将軍と親密な議論をし、両者は通信諜報サイバー作戦において協力の必要があることを認識した」という。7月末に電波部はタスク・フォースを設け、「11月中旬に防衛省ネットワークに対する攻撃の具体的な材料を入手し、米国に送って情報収集についての助言を求めた」。同じ頃、今度は電波部長が訪米し、米国の通信諜報サイバー作戦の編成について説明を受け、日本の将来的な組織編成の参考にしたという。

こうして防衛省から関係部局のトップが頻繁に米国のＮＳＡ本部を訪れて準備を進めた結果、12年12月にはマラードの試運転が開始する。マラードが集めた衛星通信情報を分析するため、電波部は同月末から横田基地のＮＳＡ日本代表部とほぼ毎週会合を持ったが「なんのヒットも得られず」、想定した標的が通信ネットワークを閉じたからではないか、と推察している。標的名は文書で黒塗りされていて分からないが、その後に収集量を増やして発見したのか、スライドは「我々は電波部が通信諜報サイバー作戦の緒に就いたと考えている。ＮＳＡの援助と国防省日本特別代表部の国内での努力に感謝する」、「ＮＳＡとのさらなる共同作業によって、我々は将来、大きな進歩を達成すると信じる」と結んでいる。

太刀洗通信所と東京・市ヶ谷の防衛省から操作されるマラードのアンテナは、それ以前から電波部によって通信諜報に使われてきたという。太刀洗通信所はもともと特攻隊の中継基地でもあった旧陸軍太刀洗飛行場跡にあったが、１９６１年に現在の田園地帯に移設され、主に中国・朝鮮半島の動向を探ってきたといわれる。盗聴アンテナ群と管理棟の建設に続き、１９９０年代からドームに覆われたアンテナが出現したことを、地元で調査する福岡県平和委員会が記録している。「巨人のゴルフボール」は２０００年代に入って毎年のように数を増やしていき、地元の人たちの不安を掻き立ててきた。２００８年までに大型アンテナ６基が完成し、12年から13年には一気に小型アンテナ5基が追加された。小型アンテナの増設は、マラードによるネット監視の開始時期とピタリと一致する。

インターセプトのガラハー記者は、アンテナが戦時の標的にされることや強度の電磁波による健康被害を及ぼすことについて地域住民から懸念の声が上がったが、日本政府は問題ないと回答し、筑前町に年間約10万ドル（約１２００万円）の補償金を払い始めた、と書いている。筑前町の歴代町長は太刀洗通信所を訪問しているが、入れるのは体育館や食堂や会議室だけ。地下のトンネルや「通信に使用している」とされる場所は立ち入りを禁止され、業務内容について質問しても回答を得たことはないという。

日本の通信諜報施設を研究してきたタンター氏は、番組内で太刀洗を訪れ、この通信所が傍受できる通信衛星は２００基を超え、日本の通信も当然含まれる、と解説した。防衛省のスライドは、これまで太刀洗通信所は1週間に20万件のインターネット・セッションを傍受してきたが、このサイバー作戦を開始した結果、1時間あたり50万件にまで膨れ上がったと例示する。このペースで傍受を続ければ、膨大なデータを保存する容量が足りなくなり、従来は2カ月間だった保存期間を1週間ほどまでに短縮せざるをえず、ＮＳＡに技術的な解決方法の指導を求めている。

このスライドにはまた、マラードに関わるもう一つの機関「Ｊ６」が登場する。Ｊ６は防衛省内でマルウェアの分析やファイアーウォールの設置など、サイバー攻撃への技術的な対策を専門としているようだが、電波部は「Ｊ６の機能は我々にも開示されていない」と述べている。同じ省内でも両者の間には秘密の壁があるようだ。

各機関が得た情報を、内閣情報調査室が最終的に吸い上げることをスライドは示している。内調と同じく、防衛省情報本部電波部長も歴代、公安出身の警察官僚が務める。ネット監視システムにも、公安警察―防衛省―内調の連携という図式が当てはまる。ガラハー記者は、監視データを政治に利用する内調を「究極の受益者」と呼んでいる。

NSAを驚かせた日本の積極性――福島県・太刀洗通信所は日米共同監視拠点

こうして２０１２年から13年にかけて約1年足らずで、日本政府は太刀洗通信所の衛星通信傍受アンテナを転用して米国との共同サイバー作戦、つまりインターネット大量監視を開始した。その積極性について、13年1月14日付のＮＳＡ文書は特筆している。

「日米両政府のサイバー協力を向上させるべきだというＮＳＡ長官と副長官による勧めに基づき、日本政府と日本の諜報コミュニティーはサイバーへの取り組み優先度を上げた。防衛省情報本部電波部と内閣情報調査室の間で話し合われた計画は急速に進展し、時に日本の指導者たちの熱心な反応を引き出してＮＳＡを驚かせた。我々の暗号分析パートナーの努力に加えて、日本政府は２０１３年4月までに１００人のサイバー防衛組織を発足させるために努力している」

かつてＮＳＡは、日本が米国以外との情報共有を渋り、日本政府内で横断的な通信諜報への取り組みがないことをボヤいていた（前章参照）。ネット監視を足早に実現させた日本をＮＳＡは歓迎した。それもそのはず、同文書でマラードははっきりと「ＮＳＡと防衛省情報本部電波部による外国衛星通信傍受の共同拠点」と記されている。13年1月の時点で日米間の合意は署名直前の段階まで来ていて、「合意書は情報の共有を増加させるだろう」と書いたＮＳＡスタッフのホクホク顔が窺える。またしても日本の税金で賄われた監視拠点から、大量の盗聴データが米軍に入ってくる。またしても人々が知ることのない密約をもとにして。

日本と世界の通信の安全をこの上なく侵害するこの共同盗聴作戦は、第二次安倍内閣が成立する12年12月以前の民主党政権時代に始動していた。が、自民党政権の返り咲きで弾みがついたようだ。この文書にも、安倍氏が頼りにする内閣情報官・北村滋氏が登場する。「内閣情報調査室のディレクター、北村氏との9月の会合で、日本はアレクサンダー将軍に最初の11のマルウェアの特徴的なパターンを提供した。この11の記号のうち7つは我々の脅威作戦センターの記録になかったので、サイバー防衛に資するため直ちにこれらの情報をシステムに追加した」

この会合は前章と同じく、12年9月10日の北村氏のNSA来訪を指すと考えられる。NSAは内閣情報官をネット監視の主導者と理解し、米国で16の諜報機関を束ねる国家情報長官と同格に扱っている。

「日本政府は政府機関を横断しての歴史的な通信諜報サイバー防衛計画を実行に移し、2013年4月までに本格運用を達成したいと望んでいる。自ら決めた施行日が迫ってくるのを前に、日本人たちは憲法上の障害物、あるいは社会的、政治的な障害物と格闘している。日本政府内の前に進もうとする勢力（米国の国家情報長官に該当する内閣情報調査室など）と、電波部と内部政策局を含めた防衛省内のより保守的な勢力の間には、相当な摩擦が生じている」

つまり、従来の枠組みをはるかに超えるインターネット大量監視作戦――1時間当たり50万件、1日換算で1200万件の通信を盗聴――には、防衛省内からも慎重な声が上がった。文書では、NSAのパートナーを果たしてきた電波部とおそらく防衛政策局が、この「より保守的な勢力」

と形容されている。防衛省職員のなかにも、平和主義や基本的人権の尊重をうたった憲法との整合性を意識したり、米国と共同の攻撃的なサイバー作戦に着手することがもはや「専守防衛」でないことに危機感を覚えたりした人がいたのだろう。しかし、この人たちの声は、「政府内の前に進もうとする勢力」、すなわち内閣官房に属する内閣情報調査室の政治的な推進力によって押し切られた。ＮＳＡはもちろん今回の防衛省を超えた協力の広がりを歓迎している。が、実際には内調・防衛省・警察庁を、公安出身など一握りの人々が回転扉よろしく行ったり来たりして、秘密裏にネット監視のお膳立てをしている。

政治の後ろ盾があったとはいえ、内調の新方針が政府内で摩擦を生んだのは当然だろう。政府がインターネット通信網に侵入することは、憲法で保障された通信の秘密を明らかに侵し、プライバシー権や自己情報コントロール権を完全に無視している。文書がいう「憲法上の障害物、あるいは社会的、政治的な障害物」とは、まさに私たちが日々、人と安心してコミュニケーションすることを保障している権利のことだ。それは治安機関が勝手に「格闘して」、葬り去れるものではない。「保守的」とされた防衛省内の抵抗は、世論の声であったかもしれない。しかし、この新作戦はけっして世に問われなかった。安心してインターネットを使う権利は、またしても政府間の勝手な密約で侵害され、深く深く隠されてきた。

サイバー防衛の名の下に

こうして見えてきたマラードの沿革を、ボールとタンター『日本の通信諜報地上施設・ビジュアルガイド』と照らし合わせると、さらに興味深いことが分かった。太刀洗通信所の小型アンテナ5基の本格稼働に合わせて、米国のNSA本部から2013年4月22〜26日、太刀洗通信所に技術者が派遣され、「パートナー・トレーニング」を行った、というのだ。これは前章でみたエックスキースコアの登場する文書で、NSAが日本に通信諜報開発の講師を送った日付とピタリと一致する。この文書は、トレーニングの場所を記載していなかったが、マラードはまさに通信諜報システムを使った作戦であり、通信諜報の「開発」と呼べる。講師はハワイの技術センターから派遣されたと書かれている点が、『ビジュアルガイド』とは食い違うが、トレーニングが太刀洗で実施された可能性は否定できない。2017年に初公開されたNSA日本関連文書と、18年に追加公開された文書は、日本が新たに舵を切ったサイバー作戦という点でつながる。一見バラバラの文書は全体として、私たちに日本の主要な監視活動と最新実態を見せようとしている。NSAを去る直前のスノーデン氏がそれを強く意識して、日本の人々が知るべき重要な文書を選択したように、私には思える。

しかも、日本へのNSAの講師派遣は、スノーデン告発によって世界がネット監視の実態に驚愕する約2カ月前のことだった。日本政府の関係者は冷や汗をかいたことだろう。スノーデン報道の火の粉が、日本政府にも降りかからないように、と。

悲しいかな、その願いはメディアの怠慢とミスリーディングによってある程度は叶えられてきた。が、いまやこれだけの実態が明らかになった。

続報「NHKスペシャル」は今回も、NSA文書の核心部に踏み込み、詳細を伝えたとは言えない。番組の焦点はむしろ、国内の諜報関係者を掘り起こして取材し、NSAの対応組織、防衛省情報本部電波部の存在を浮かび上がらせることにあった。しかし、それは1年前の「クロ現」ほどには、極端にミスリーディングではなかった。少なくとも「ウサギの耳」うんぬんを持ち出して監視の正当化を図る前に、率直に事実を提示しようとしていた。潤沢な取材費を使って、米国の諜報関係者やロシアのスノーデン氏にも再び面会に行った。英国の諜報機関GCHQに勤めていたキャサリン・ガン氏の話には、衝撃を受けた視聴者も多いと思う。米国は2003年のイラク戦争について諸外国から賛成を取り付けようと、GCHQに外国指導者の弱みに関する情報を提供するよう求めた。彼女はそれを民主主義と平和への攻撃と感じて暴露し、訴追されたが、無罪を勝ち取った。諜報機関がいかに恣意的に情報を使い、盗まれた情報がいかに深刻に平和を脅かすかをよく伝えていたと思う。

日本政府の反応は、前回と変わらずひどいものだった。内閣情報調査室は「文書については出所不明のものであり、コメントは差し控えさせて頂きます」と、一年前の防衛省そっくり、菅官房長官の口調生き写しといえそうな侮蔑的コメントを返した。その防衛省は今回、「防衛省・自衛隊による情報収集活動は法令を遵守して適正に行われており、一般市民の情報を収集しているものでは全くありません。サイバー空間における脅威の動向について重大な関心を持って、公開情報の収集や諸外国との情報交換など必要な情報の収集・分析を行っています」と監視活動を一部認めながら、違法性を否定する回答を出した。これが臆面もない嘘であることは、陸上自衛隊の情報保全隊が一般市民をスパイしてきたこと一つを取っても明らかだ（第五章参照）。番組は反論しなかったが、「クロ現」が政府の否定的コメントを理由に、文書の内容を宙吊りにした愚は繰り返さなかった。少なくとも文書に記された監視の実態は、最後まで事実として扱われた。

当然といえば当然すぎるのかもしれないが、私はこの微妙な、しかし必要な軌道修正を半歩前進と受けとめている。『サンデー毎日』誌上での私のNHK批判と呼びかけに対する応答だと、勝手に解釈している。誰かが指摘しなければ、事実はミスリーディングされたままに一人歩きし、メディアは権力による世論操作の道具に堕すばかりだ。だから、まだまだ気は抜けない。スノーデン・ファイルの分析は、公開文書と正面から向き合いさえすれば、NHKでも他の放送局でも新聞社でも通信社でも何の組織に属していなくても、誰でもが世に問うことができる。勇気ある追及が、NHKだけでなく、ジャーナリズムのあちこちから始まることを願っている。

国民識別の基盤――戸籍と住民基本台帳

さて、ここまでスノーデン・ファイルを日本の文脈で読み解いてきたが、日本の監視社会化は、米軍と防衛省・自衛隊、警察、内閣情報調査室の諜報活動だけによって引き起こされているのではない。本書を終える前に、もっと大きな監視の現代地図のなかに主題を位置づけておきたい。というのは、他の政府機関も民間企業も、デジタル化によってますます個人情報を収集し、情報を広範囲にひもづけし、使い回す方針のもとに動いているからだ。いままでバラバラだった情報の断片が組織の壁を超えて、デジタル・ネットワークによって寄せ集められるとき、まったく違った影響を私たちに及ぼす。と同時に、監視はデジタル技術だけによって引き起こされているのでもない。大規模監視はアナログ時代から存在していた。それが目的と技術によってどう変化してきたのか、歴史を振り返ることは重要だ。

そこでまず、政府による個人情報の掌握という点で、日本で戸籍と住民基本台帳が果たしてきた歴史的な役割を簡単に押さえておく。マイナンバー制度のような国民総背番号制は、このアナログ時代の土台の上に構築され、さらに民間の個人情報データベースとつながりつつある。次に、実際に自治体が自衛隊に住民データを、企業が警察に顧客データを提供しているケースをみるとともに、政府が個人のデジタル機器にハッキング実験を仕掛けていることを指摘する。こうしてデジタル化によって増殖するデータは、政府の手に落ちる一方、政府に都合よく扱われ、改ざんもされている。最後に、監視システムが世界の政治と経済に地殻変動をもたらしていることを示唆したい。ＮＳＡは政府と企業をまたいだデータ収集・利用を技術的に牽引し、疑心暗鬼の諜報活動は世界の不安定化を招いているのだ。そしてデータ監視の最も熱心な信奉者は、全体主義的な政府である。

日本では、政府が国民国家の構成員をリスト化する手段として、近代戸籍を制度化した。明治政府は人々を「国民」としてカウントしながら、同時に「戸主」や「長男」といった家庭内の地位を定めて登録した。戸籍は男性の氏と血統を中心に家族を定義し、その意味で、天皇制に連なる家父長制的な秩序を社会の私的領域にまで浸透させてきた。戸籍に登録された家族内の序列は、男女同権のはずの現在の社会でも、冠婚葬祭や相続、進学、就職といった様々な場面で繰り返し顔を出すと言っていいだろう。

戸籍は現在でも「本籍」という居住実態を必ずしも伴わない土地の市区町村役場で登録されている。そのため、国が「国民」一人ひとりを総力戦のために配置する国家総動員体制を目指す段階になると、個人の動態を把握するには情報が足りず、寄留制度と呼ばれる住民登録が発達していった。これが戦後に住民基本台帳として制度化されてできた、もう一つの国民リストで、居住地の自治体が住民票を管理してきた。どちらも国家が人々の家族構成や所在をつかむとともに識別する目的で発達し、徴税、徴兵、徴用から、教育、選挙、福祉まで広く用いられてきた。

この二制度によって、実は日本政府は諸外国より多くの個人情報をすでに保持している。戸籍のような家族登録がどこの国にもあると思っている人は多いが、欧米諸国では出生時の個人登録が主流だ。住民票のように生涯にわたって、移転のたびに所在を役所に届け出なければならないような仕組みも稀だ。それを知ると、日本の行政基盤がいかに最初から個人を家父長制の序列のなかで位置づけ、個人の私的な関係を過剰に把握しているかが見えてくる。私たちは生まれた瞬間から「日本人」家族という集団のなかに埋め込まれて「国民」とされ、国家に見られることに慣らされてきた。これらが現在までほとんど意識されることなく続いてきた個人情報収集基盤であり、日本の国家と個人の関係を特徴づけている。

一方、各自治体で管理されてきた戸籍や住民票に対し、国が一人ひとりに番号を振る国民総背番号制をつくろうという発想は１９６０年代後半、コンピュータ技術の導入とともに産業界から起こった。その積年の望みを叶えたのが、２００２年に稼働した住民基本台帳ネットワーク（住基ネット）だ。国が住民票を電算化して中央集権的にまとめ上げ、直接データにアクセスできるようにしたのだ。膨大なデータの一元化は、通信技術によって可能になった。

住基ネットは世論の強い反対に合い、11桁の住民票コードを自治体に返却したり、捨てたりする人が何万人にも上った（総数が不明なのは、国は都合の悪い数字はカウントしないから）。また住基ネットを構築するための改定住民基本台帳法は、住民票コードの民間利用を禁じていたので、コードにひもづけできる情報の範囲は政府内に限られた。結局、導入と維持に多大な経費と時間を費やした住基ネットは、もっぱら年金業務のために利用され、政府がスローガンにした「国民の利便性の向上」も「行政の効率化」も実現しなかった。

強制性を強める「マイナンバー」

そこで住基ネットに屋上屋を重ねて政府が編み出したのが、2016年の共通番号（マイナンバー）制度だ。共通番号は、民主党を中心とする連立政権下で納税と社会保障給付を目的に提案され、所得や取引を把握するために民間企業でも使用される。実は、個人には企業に共通番号を提出しなければならない法律上の義務はないが、雇用主は従業員の番号を集め、個人情報が欲しい銀行や保険会社も番号集めに精を出している。

加えて、個人の動向をもっと把握したい国のデータ欲を体現しているのが国民身分証、政府が発行するICカードの普及だ。例えば、健康保険証や図書館カード、商店街のポイントカードなどとしてICカードが使われるようになれば、それだけ幅広く購買情報や行動記録がひもづけできる。政府は実際、こうした用途でICカードの実証実験を40年前から各地で続けてきたが、根付かなかった。住基ネットには住基カード、共通番号には個人番号カードを発行して、住民が任意で取得するよう促しているが、やはり普及しない。膨大な税金をかけても成功しないのは、カードが必要とされていないからに他ならないが、政府は諦めないばかりか、人々がカードを持たざるを得ない状況をつくり出そうとしている。安倍政権は19年2月、個人番号カードを20年度から健康保険証として使えるようにするため、健康保険法の改定案を国会に提出した。13%にとどまっている個人番号カードの普及率を上げるためだ。

さらに政府は翌3月、個人番号カードを使った行政手続きを増やそうと、共通番号法と公的個人認証法、住基法を改定する「デジタルファースト」法案なるものも、閣議決定して国会に提出した。政府は「19年度から引っ越しに伴う電気やガス、水道の契約変更を一元化する。ネットでの住民票の移転手続きをとれば、住所などの情報がそのまま転用されるため、電気やガスの契約の際に改めて入力する必要がなくなる」という（19年3月15日付日経新聞）。が、そのためには電気、ガス、水道の事業者が、官民含めて全国規模でネットワーク化される必要がある。共通番号にひもづけする情報をどこまで広めるつもりだろうか。

同じ日の閣議は、戸籍情報と共通番号をつなげる戸籍法改定案も決定した。法務省は市区町村にある戸籍の「正本」と同じ「副本」を持っていて、この「副本」管理システムを基に新システムを構築し、23年度から行政機関内で戸籍情報をやりとりするという（19年2月2日付毎日新聞、同日付朝日新聞）。児童扶養手当や老齢年金など、戸籍謄本・抄本の提出を求められる社会保障手続きについて、個人番号カードの提示で代替させる方針だ。

これら個人番号カードの普及策について、菅官房長官は「行政手続きの利便性向上と国民や企業の負担軽減をはかる」ことを目的に挙げた。「利便性」と「効率化」は国民総背番号制の決まり文句だが、引っ越しや婚姻、住民票の取得といった手続きは、人が年に何度もすることではない。それなのに40年前のICカード実験から、不効率な技術開発に億単位の税金が毎年のようにIT企業の懐へ消えていった。毎回失敗する「実験」が企業の定期収入となっていることは間違いない。が、政治家や官僚がこの無駄遣いの責任を問われたことはない。

政府のマイナンバー普及策についてのメディア報道は、ほとんど総務省の説明のままに書かれている。連呼される「利便性」と「効率化」は、政府の都合でしかなかったことは住基ネットですでに証明されている。もし人々の負担を軽減したいなら、行政手続きに必要な戸籍謄本や抄本の必要性を見直せばいい。韓国はもう戸籍を廃止した。戸籍制度が引き起こす構造的な人権問題は、何十年も前から変革を迫られている。戦前の戸主制度を色濃く残す戸籍は、夫婦同姓を強要し、女性の同権を妨げ、人として等しく権利を持って生まれてくる子どもたちを「イエ」の内と外に振り分け（「嫡出子」と「非嫡出子」）、届け出されなかった人々を権利から排除し、出自によって人を差別する温床であり続けている。これらの問題はデジタル化によっては解決されない。むしろデジタル化によって差別が強固にされ、広範囲に振りまかれる危険性があるのだ。

住民情報を現代の「赤紙」に利用

住民情報がこれまで自治体ごとに分散管理されてきたのには、理由がある。前述したように、国が住民の生活実態を把握することによって、徴兵や総力戦体制を組むことが初めて可能になったという歴史上の反省がまずある。近年では戸籍と住民票が詐欺や家庭内暴力、そして被差別部落出身者の特定に使われてきたことを踏まえ、各自治体は個人情報保護条例を設けてきた。原則公開だった戸籍や住民票は、本人以外に提供しない方針へと変わってきた。自治体の現場で積み重ねられてきたプライバシー保護の基準を一気に壊したのが、住基ネットだった。１９９９年の改定住基法は、法令による場合には住民基本台帳記載事項の外部提供を認めることによって、住基ネットの成立を可能にした。歴史的な経験を無視し、差別や詐欺にあう人が増えてでも、個人情報を直接手にしたいという為政者たちの執念は絶えることがない。実際に、強権的な政府ほど、個人情報保護に苛立っているようにみえる。

その象徴的な例が、19年2月10日の自民党大会での安倍首相の発言だ。安倍氏は自衛官募集について「新規隊員募集に対して都道府県の6割以上が協力を拒否している」「憲法にしっかりと自衛隊と明記して違憲論争に終止符を打とうではありませんか」と呼びかけた。自衛官募集のための個人情報提供と改憲をこじつける首相発言は、２日後には岩屋防衛相が事実に基づかないことを認めた。自衛隊が個別に募集資料を郵送する18歳、22歳の住民基本台帳の登録者について、全国１７４１市区町村のうち、４割は自治体が氏名や住所などを自衛隊に提供、３割は自治体が対象者の情報を抽出して自衛隊に閲覧させ、２割は自衛隊が閲覧して抽出していた。つまり計9

割は自衛隊に住民基本台帳の閲覧を許可し、協力していた（19年2月13日付毎日新聞）。

この広範な住民情報の外部への提供自体が、住基ネット以前の個人情報保護の高い水準が突き崩されてしまったことの証だ。警察や自衛隊といった治安機関への個人情報提供は当時、明るみに出れば大きなニュースになっていた。治安機関は国家の実力組織であるからこそ、個人への接触に慎重であるべきだが、いまでは明らかに特別扱いされている。自治体は消防士の募集に若者の個人情報を提供しているのか？　市区町村は職員の募集に住民情報を利用してダイレクトメールを送りつけているか？　いまや自衛隊にまったく情報提供していないのは、5自治体のみという。こうして自衛隊だけが例外的に個人情報にアクセスできるようになることは、「国」や「防衛」を神聖視していくことと同等だ。自衛隊法施行令によって、防衛相が自衛官募集に必要な資料の提供を自治体に求めることができるとは言っても、施行令は省庁が国会の審議を得ずに定められる。法律と同格に扱われるべきではないのだ。

安倍氏は、9割の自治体が任意とはいえ現代の「赤紙」配りに協力していることに、満足していないようだ。自民党大会での首相発言が圧力となって、名簿の閲覧許可から提供へと切り替える自治体が相次いでいる。安倍氏の地元・衆院山口4区にある山口県長門市や下関市、大阪市も今後は対象年齢者のリストを自衛隊に提供するという（19年3月13日付朝日新聞）。長門市の大西倉雄市長は「災害発生時には自衛隊のお世話になるかもしれない」と取材に答えているが、若者の所在を明かさなかったら、自衛隊は災害救助活動をしないのだろうか。

権力は好きなように使っていいと考えている者たちにとって、個人情報保護というのは邪魔物でしかないようだ。スノーデン氏が、個人情報をやり取りすることは人のいのちをやり取りすることに他ならないのだと語っていたことを思い出す。改憲によって自衛隊が軍として明記されれば、国防を至上命題にして個人情報保護という障害物も完全に撤去され、マイナンバーによって徴兵対象者も政権批判者も一夜にして検索できるようになるかもしれない。

戸籍や住民票、マイナンバーは、それ自体は無害でニュートラルな制度に見えるかもしれない。しかし、これらの国民識別制度を、そこに積み上げられた個人情報が何に使われてきたかという歴史的経験から切り離して考えることはできない。個人情報は政治の風向き次第で、治安機関にも易々と流れ込み、政府が望む国のあり方に人々を動員する力を持っている。

民間データも令状なしで検察・警察へ

現代の監視システムは政府だけでなく、さらに民間企業との複合体であることを、私はたびたび指摘してきた。民間企業はいま、政府以上に膨大な個人情報を蓄積し、デジタル技術を主導している。民間にある宝の山・ビッグデータに政府が手を忍び入れていることも、次々と明らかになっている。

共同通信は19年1月、最高検察庁が顧客情報を入手できる企業など計約290団体をリスト化し、情報の種類や保有先、取得方法を含め、捜査手段として検察内部で使ってきたことを報道した。驚くべきことに顧客情報の大半は、裁判所の令状を取らずに「捜査関係事項照会」によって取得されていた。対象となっている会社は、航空、鉄道、バスなど交通各社やクレジットカード会社、消費者金融、コンビニ、スーパー、家電量販店、携帯電話会社、ポイントカード会社、ドラッグストア、レンタルビデオ店、書店など、これらの企業との接触を完全に避けるのが不可能なほど生活の全域に広がっていた。これらの企業から検察が入手しようとしてきたデータは、ICカードなどの名義人や使用履歴だけでなく、カード作成時に提出された運転免許証などの写し、顔写真まで含まれていた（19年1月4日付中日新聞）。利用者の行動、交友関係、関心、思想まで、企業がマーケティングに使うのとまったく同じ種類の情報を、政府もまったく同じ方法で分析している。

検察・警察に情報を渡された本人が、その事実を知ることはもちろんない。リストを入手した共同通信の情報公開請求に対して、最高検はリストの存在を認めながら「企業側の利益を害し、捜査手法が明らかになる恐れがある」として開示を拒否した。通信会社というパートナーをかばうNSAそっくりに。

同年1月には、約6800万人の会員がいるポイントカード「Tカード」を運営するカルチュア・コンビニエンス・クラブ（CCC）が、検察・警察に捜査令状なしで個人情報を提供してきたことも大きく報じられた。Tカードはレンタル大手のツタヤやコンビニ、ドラッグストアなど複数の業種で使われているため、身近に感じた人は多かっただろう。「dポイントカード」を出しているNTTドコモや、「スイカ」のJR東日本、「パスモ」の東京メトロ、「ポンタ」のロイヤリティマーケティングなどの各社も同様に、捜査関係事項照会という令状なしの任意の情報提供に応じていることを明らかにした（同年1月22日付毎日新聞）。

ＣＣＣは、以前は令状の提示があった場合にだけ情報を提供していたが、捜査機関からの働きかけによって２０１２年から照会書のみで提供することにしたという。のちに衆院法務委員会で、警察庁が要請したことが明らかになった。警察の側は「Ｔカードなどの情報を入手するのは捜査中の基本。すべて令状を取るのは手間が膨大になり非現実的だ」と言い、企業の側は「会員数が増え、社会的責任を果たすために捜査協力が必要と考えた」と応じる。警察のために集められたわけではない個人情報を取得するのに「手間」がかかるのは当然で、そもそも捜査情報は合法的に取得されなくてはならない。令状申請が面倒で「非現実的」だという身勝手な主張は、法令を無視して監視を拡大する治安機関の本音だろう。しかし対する企業が、ビッグデータから利益を得ていることはおくびにも出さず、警察に顧客の情報を渡すことが社会貢献と言ってのけるのには驚愕した。個人情報を厳密に管理することこそ、企業の社会的責任なのに。

ＣＣＣは実際に、プライバシー保護とは正反対の対応を取ることをメディアに語っている。外部への個人情報提供を会員規約に明記する方針だ、というのだ。Ｔカード会員になると自動的に警察への情報提供にも「合意した」ことになるわけだ。こういう企業にとって都合のいい合意の取り方は、ネット上のあらゆるプラットフォームに仕掛けられている。ＣＣＣは「会員は気にしていない」と踏んでいるということだろう。私たちの情報はそこまで軽く扱われている。ポイントを貯めて節約するという庶民の微々たる利益の裏で、政府と民間企業はもっと大きな政治的、経済的な利益を取り引きしている。

も開始した。

政府が家庭をハッキング

政府は民間企業にある個人情報を吸収するだけでなく、各世帯の情報基盤へ直接侵入することも開始した。

総務省と国立研究開発法人「情報通信研究機構」（本部・東京都小金井市）は19年2月、インターネットに接続できる「ＩｏＴ」機器約2億台を対象に、通信の安全性を確認する無差別侵入テストを実施すると発表した。ＩｏＴは「モノのインターネット」を指し、パソコンや携帯電話だけでなく、個人の生活形態を記録し、分析する機能を持った掃除機や冷蔵庫などの家電、「グーグルホーム」のようなＡＩ（人工知能）を含む。家庭や企業にあるルーターやウェブカメラをグローバルＩＰアドレスから識別して侵入を試み、パスワードが初期設定のままになっている機器などについて、プロバイダーを通して利用者にパスワードの変更などのセキュリティー対策を促すという。東京五輪で予測されるサイバー攻撃を最小限にとどめるため、という理由を挙げている（19年2月2日付朝日新聞）。

世界に類を見ないこの無節操な「実験」ほど、政府は個人の私生活に介入しても構わない、いやむしろ個人を指導しなくてはいけないのだ、という日本の「お上」意識を表す例はないだろう。これはれっきとしたハッキングで、不正アクセス禁止法に違反する行為だ。そこで政府は前年5月、計画がほとんど注目されていないうちに、特例として5年間に限って政府のハッキングを許すよう関連法を改正していた。私を含め、監視問題に普段から注意を払っている人たちですら気づかない間に準備は進められた。

市民団体「盗聴法に反対する市民連絡会」「共通番号いらないネット」などは調査開始2日前の2月18日、大規模ハッキングの中止を求めて緊急会見を開いた。「JCA-NET」の小倉利丸さんは、計画が憲法21条の保障する通信の秘密に違反し、さらに憲法35条が保障している、令状なしに住居、書類および所持品について侵入、捜索および押収を受けることのない権利も侵害している、と指摘した。総務省は「機器の内部に侵入したり、通信の秘密を侵害したりすることはない」「取得情報も厳格な安全管理措置を講じる」と述べながら、「悪意あるプログラムなどに利用される恐れがある」として技術の詳細について公開を拒否している。監視する側はいつも善意と無謬を強調するが、実態は誰も確かめることができない——監視の定式といえる情報のブラックボックス化が、自衛隊でも警察でも検察でも総務省でも繰り返されている。

パスワードの変更程度のセキュリティー対策なら、何も政府がネット機器一台一台に侵入せずとも、プロバイダーや関連企業が煩わしいほどに普段から呼びかけている。ねらいはもっと他にある、と私は考える。それは「実験」や「安全対策」の名を借りて、政府のハッキング能力を開発すること、前章までに書いてきたようなサイバー戦争の一助となる能力を養成することだ。

情報通信研究機構は17年4月、「ナショナルサイバートレーニングセンター」(米国を意識して横文字にしたのか、「国立電脳訓練所」ではあまりにイメージが悪いからか)を設置し、政府のために働くハッカーの養成を始めている。産経新聞は「サイバー攻撃を防ぐ技術を持った人材『ホワイトハッカー』を育成する取り組み」と書いている(17年5月3日付)が、ハッキングを防ぐにはハッキングの知識がいる。ハッカー養成プログラムは25歳以下を対象とし、定員は40人程度だったが、1カ月足らずの間に約9倍の359人が応募したという。この若者たちが「実際にあったサイバー攻撃の貴重なデータを使って技術を向上させられる」というから、実際のネット機器を対象に実施する政府の侵入テストは、いわばうってつけの腕試しの場といえる。

例外的措置あるいは実験と位置づけながら実際にネット機器にアクセスし、政府がどんな情報を入手しているか、私たちには見えない。政府による侵入を「ホワイト」と色分けして人々を慣れさせ、今後の継続的な侵入につなげていく意図も見え隠れしている。企業を協力者にし、さらに個人の通信機器にも侵入を図っていくのは、まさにNSAが開発してきた監視の手法だ。日本政府はそれを急ピッチで追いかけている。

隠され、歪められるデータ

少し前までメディアは、インターネットが世界の平和を促進し、ビッグデータが生活の向上に資すると、バラ色の未来を宣伝していた。しかし、データを貪欲に掻きこみ続ける政府や企業は肥大化して不透明さを増し、人々の側はいつまでたっても平和や生活の向上を実感することはない。それどころか、政府内でのデータの隠蔽や改ざんを告げるニュースが続いている。

序章で述べたとおり、森友・加計問題での財務省による公文書の改ざんや、防衛省が南スーダンの国連PKO活動に参加した陸上自衛隊の日報データを隠していたことは2017年、立て続けに明るみに出た。日報データは、あってはならないはずの自衛隊の戦闘行為に関わっていた。

18年には、外国人労働者の受け入れ拡大のための出入国管理法改定案の国会審議で、実質的に低賃金で働く労働者として扱われている外国人技能実習生たちの実態について、法務省は嘘のデータを発表していた。実習生が失踪するケースが17年だけで7000件を超え、劣悪な労働条件が問題となるなかで、法務省はのちに居場所が確認できた約2900人から聞き取りした結果、約87%が「より高い賃金を求めて」失踪したと説明し、実習生の金銭欲のせいであるかのような説明をした。しかし実際には、聞き取りに「より高い賃金を求めて」という回答項目はなかった。「低賃金」「契約賃金以下」「最低賃金以下」の3項目にチェックが入った場合を合算し、法務省が「より高い賃金を求めて」と読み替えて発表していた。「低賃金」「契約賃金以下」「最低賃金以下」には雇い主側の責任と違法性が疑われるのに、雇い主ではなく実習生に責任を押し付けるような悪質な操作だ。しかも、合算した数字は87%ではなく67%と訂正された。同じように、失踪原因として当初5・4%とされた「指導が厳しい」は12・6%に、3・0%とされた「暴力を受けた」は4・9%に訂正された。

移動の自由と職業選択の自由がない実習生は、ただでさえ奴隷労働に近い状態に置かれやすい。現行制度の問題点を隠すためにデータがねじ曲げられ、必死の思いで逃げ出したであろう実習生たちの声は踏みにじられた。安い労働力としてのみ外国の人々を扱う性急な入管法改定案は、与党の強引な採決によって成立した。

そして年をまたぎ、法務省のデータ改ざんを追いかけるように発覚したのが、厚生労働省の統計不正問題だった。発端となったのは賃金動向を示す「毎月勤労統計」で、従業員500人以上の大規模事業所すべてを調査して算出することになっているが、04年から東京都分を3分の1だけ抽出していた。東京都内の大規模企業は賃金水準が高いので、賃金水準が実際よりも低く報告されたと考えられる。その結果、雇用保険や労災保険の給付額が本来より低くなり、過少給付を被った人の数はのべ2千万人を超えると言われる(19年2月27日付朝日新聞)。厚労省は18年1月から「毎月勤労統計」のデータ補正を密かに開始したが、今度は前年の統計と比べて賃金水準が不自然に伸びる事態が生じ、これが「アベノミクス効果」と宣伝された。

さらに中規模事業所(従業員30~499人)については、15年1月に調査対象を総入れ替えした結果、賃金伸び率が低くなる傾向が出ていたので、厚労省は18年1月に部分入れ替え方式を導入、賃金伸び率は高くなる傾向に転じた。しかしその背後では、中江元哉・元首相秘書官が15年3月に厚労省の姉崎猛・統計情報部長(当時)らと首相官邸で会ったり、麻生太郎財務相が同年10月に総入れ替えを批判したりと、厚労省に部分入れ替えを求めていたことが明らかになった。野党は、統計への政治圧力を「アベノミクスの成功を演出するための偽装」と追及したが、厚労省が不正調査のために設置した特別監察委員会は結局、組織的な隠蔽も、政治の介入も認定せず、つまり隠蔽の上塗りをしただけだった。

毎月勤労統計の不正は氷山の一角のようだ。総務省が56ある基幹統計を点検すると、約4割の統計で不適切な処理が見つかった。データは実態を反映してこそ意味がある。しかし現状は、政治の掛け声にデータの方が帳尻を合わせられている。データを平和や生活の向上に役立てるどころか、人々の認識を操作し、誤った世界観を注入することの材料にしている。このような政府に、そもそも膨大な個人情報を扱う資格はあるのだろうか。

監視が世界を不安定化させている

以上、政府と企業の境を越えて、急速に拡大していく個人情報掌握の動きを駆け足で振り返ったのは他でもない、政府はデジタル化によってますますデータを吸い上げる回路を広げ、アナログ時代には考えられなかった範囲の情報をひもづけする一方、データの扱いは極めて杜撰、データを改ざんすることも厭わないことを併せて考えるためだ。私たちは同意もないままに、自分のデータが何にどう用いられているのか、悪影響を被るその瞬間まで、ほとんど知ることができない。この両者の極端なアンバランスこそ、NSA監視システムが現に引き起こしている問題であり、民主主義にとって非常に危険だとスノーデン氏が警鐘を鳴らしてきた。このままでは、統治する側の者たちはますます力を増し、統治される側はますます力を失っていく。統治される側が主権者として統治者を選ぶのが民主主義のはずだが、統治する側は監視によって統治される側の変革の動きに介入し、変革を頓挫させ、永遠に権力の座に居座り続けることができる。それが抽象的なレベルにとどまらず、私たちの目の前で具体的に発生していることを例示したかった。こうした事柄が監視として意識されてこなかったのは、システムを操作する側がけっして監視とは呼びたがらないからだ。

世界に目を移せば、スノーデン氏が13年に初めてNSA監視問題を知らせたときから6年後のいま、監視の政治への悪影響はわかりやすくなっているのではないだろうか。まさにデジタル監視の震源地である米国でトランプ政権が成立し、米国に対抗しようとするロシアや中国も競って監視システムを広げ、全体主義的な統治を強めている。

米中間の軋轢は貿易だけではなく、次世代通信技術の主導権を巡って激しさを増している。それは紛れもなく、米国が自ら開拓した監視手法を中国が今後発展させることを恐れているからだろう。

ＦＢＩの依頼によってカナダ政府が18年12月、中国通信機器大手、華為技術《ファーウェイ》の孟晩舟《モウ・ワンチョウ》・最高財務責任者をバンクーバーで逮捕した事件は、ＦＢＩが主張する対イラン制裁に違反したという容疑以上に、同社がリードする次世代移動通信方式「５Ｇ」への対抗措置と受けとめられている。米国はファーウェイが５Ｇにスパイウェアを忍び込ませていると主張し、同社の排除を日本や欧州に働きかけているが、その疑心暗鬼の源には、自分たちがインターネット通信網を掌握してスパイウェアを忍び込ませてきたという実体験がある。通信インフラを持つことで、どれだけの監視が可能かを知り尽くしているからこそ、米国は他国が技術開発の主導権を握ることをひときわ警戒している。ファーウェイ事件への注目度は日本では低いかもしれないが、米国の引き渡し要求を受けて孟氏を逮捕したカナダ政府に対し、中国政府は猛烈に反発した。国内のカナダ人を次々と逮捕して訴追し、２人に対して死刑判決まで出した。カナダの主要対中輸出産品である菜種の輸出許可も取り消し、良好だった両国間の関係は一気に緊迫してしまった。

もっと頻繁に報道されているケースでは、監視は米国政治の中枢をロシアとの関係で揺るがしている。16年の米大統領選でロシア諜報機関とトランプ陣営が共謀して、トランプ氏の対立候補だった民主党のクリントン候補に都合の悪いメールを不正に入手したという疑いについては、第四章でも触れた。マラー特別検察官の捜査報告書は19年４月現在、米メディアを沸騰させている。

黒塗りが多い報告書とはいえ、ロシア疑惑を調査していたコミーＦＢＩ長官の解任を含む大統領の司法介入はほぼ立証されたと言えよう。加えて、トランプ氏の大統領としての資質を問われる数々の行い——脅しとカネで問題を片付けるというマフィア的手法——も明らかにされた。しかし、マラー氏自身を含む司法省の「現職大統領は訴追できない」という解釈によって、米国の民主政治はにっちもさっちもいかない袋小路に追い込まれている。事の発端となった民主党メールの入手経路だけでなく、トランプ大統領の軍やＣＩＡ高官の積極登用を含めて、米国政治の裏側に真偽も定かでない不透明な監視情報が蠢き、民主政治の屋台骨を蝕んでいる。

米国と同じく自由民主主義諸国であったはずの欧州でも、対テロ戦争の報復を受けて監視措置が広がり、極右の波が人種差別と移民排除を後押し、偏見に満ちたフェイク・ニュースをあふれさせている。トルコやイランやサウジアラビアでは、ブログであれ請願であれ、政治を批判する発言をしただけの研究者、ジャーナリスト、市民らが「テロリスト」と呼ばれ投獄されている。米ワシントン・ポストをベースに、サウジアラビアの抑圧的言論状況を批判していたジャーナリスト、ジャマル・カショギ氏は18年12月、トルコのイスタンブールにあるサウジアラビア総領事館を婚姻手続きのために訪れた際に殺害された。サウジアラビア諜報機関は彼の行動を、友人の携帯電話に仕込んだイスラエル製のスパイウェアによって追跡し、予測していたとされる。

日本の右翼政権も隣国との緊張関係を高め、排外的なナショナリズムを煽っている。防衛省は自衛隊が日本の外で何をしているかを徹底的に隠す一方で、18年12月に韓国の海軍艦艇から海上自衛隊の哨戒機がレーダー照射されたとするビデオ映像を公開した。脅威を宣伝し、軍事力を正当化するためにこそ、防衛省は情報を流す。私たちは注意しなければならない。「哨戒」は敵の襲撃に備え、見張りをして警戒するという意味だが、潜水艦を発見し攻撃する能力を備えた哨戒機P-1は、このとき海上の韓国海軍艦艇を監視していた。韓国側は哨戒機が「危険な低空飛行を行った」と主張している。私たちはどちらの主張につくかではなく、監視活動が現場でどれだけ軍事的緊張を高め、危機を誘発するかにこそ、目を向けなくてはならない。

そして、世界に広がる監視問題は、米国につくか中国につくか、あるいはロシアを食い止められるか米国の方がましか、という話ではない。監視は世界各地で違った形態をとりながら、同時進行している。どこの国にも、監視によって苦しめられている人々がいる。まさにスノーデン氏が言うように、人々と政府の間で力が恐ろしく乖離していることが、世界規模で起きている問題なのだ。問題をナショナリズムにすくい取られてはならない。

ひとことで言えば、政府の力を強めていく監視活動は、全体主義的な政権の台頭を下支えし、世界の政治を不安定化させる要因となっている。対テロ戦争の下で、人々の安全を守るという大義名分においてこそ拡張していった監視システムが、逆に人々の安全を脅かしている。隣の家の人に自分の家をのぞかれたり、持ち物を探られたり、メールの内容を見られたりして、うれしい人はいないだろう。目に見えない監視活動は、国家間の疑心暗鬼と対立を深刻にし、「サイバー作戦」という名の下で戦争を常態化させる危険をはらんでいる。この影響はバーチャルにとどまらない。戦争を遂行する国家は民主主義のルールを停止して、命令に従わない個人を監視によって排撃していくのだ。

監視資本主義と技術信仰を問う

最後に、もう一つ見過ごしてはならないのは、経済が監視に依存を深めていることだ。あらゆるビジネスがいま、個人情報の収集によって利益の拡大を試みている。人々の家族構成、収入、消費パターン、好み、関心などを事細かに分析し、行動を予測し、欲望を刺激することがモノやサービスを売る強力な戦術となった。ネットや携帯電話に残されるデジタルの足跡を辿り、次に何かを買わせるために瞬時に情報を送り込む。グーグルで一度「シチュー鍋」と検索すれば、シチュー鍋の広告が何度でも閲覧画面に出るのはそのためだ。私たちの個人情報が、なぜこれほどまでに狙われるのか。それは私たちの意識と下意識を操り、もっと消費させることができるからだ。

モノのインターネット化や人工知能は、この意識操作の範囲をさらに押し広げる。ロボット掃除機は家の広さや家族構成を分析し、自動運転車はあなたの訪問先を送信する。顔認証システムは、あなたの表情から遺伝病や感情を読み取ろうとする。フェイスブックは携帯電話の内蔵マイクから、人々の会話を収集していた。データを集めた企業は私たちを次の商品、次のサービスへと誘導する。買わせるだけでなく、買ってほしくない人（例えば生命保険会社なら、病気のリスクの高い人）を排除することにも使う。こうして個人の生活を監視することで利益を上げる市場経済を、米ハーバード大学ビジネススクールのショシャナ・ズボフ名誉教授は「監視資本主義」と呼び、批判している。

ＮＳＡが築いたデジタル監視網の背景には、戦争と資本主義の実権を握る者たちの利益の一致がある。楽しい情報にあふれるネットと便利なデジタル機器には、政治的にも経済的にも私たちを最大限に利用し、操作する仕掛けが潜んでいる。このままいけば、人間の自由や独立や創造力はやがて安楽死してしまうかもしれない。

そのことに、世界はいま気づき始めている。本章で綴ってきたような歓迎すべからざる事件が、立て続けに起きているからだ。私の身辺では、監視報道をリードしてきたガーディアンだけでなく、ニューヨーク・タイムズやカナダの公共放送CBCも、インターネットとソーシャルメディア時代のプライバシー、さらに技術と人間の関係を問う話題を驚くほど頻繁に取り上げるようになった。欧州ではすでに、一般データ保護規定（GDPR）という新たな個人データ保護の枠組みが、本人の同意しない個人情報の提供を止めようとしている。国連ではカショギ事件のショックを機に、企業の監視技術開発に歯止めをかける方策が話し合われている。学問の分野では、身近なデジタル・プラットフォームに仕込まれた監視機能を研究する若手が増え、監視資本主義が医療、教育、貧困、労働、環境などに与える広範な影響について議論している。今後、資本主義経済の負の部分を圧倒的に押しつけられている南側の研究者たちが、私たちのまだ知らない監視の実態を告げ知らせ、地球規模の不平等との関連を明らかにするだろう。

これらすべての取り組みが根本的な変革を呼ぶとは限らない。が、要は集団的な批判と議論は開始されたということだ。スノーデン氏の告発は時間とともに確実に、監視と通信技術についての世界の認識を変えた。この認識は後戻りしない。

憂慮すべきは、こうした新たな可能性の動きから孤立し、技術の支配に身を任せるしかないと思い込むことだ。「技術に抵抗できないと思うのは、新自由主義の技術信仰に毒されたイデオロギーでしかありません」とズボフ氏は言う。技術は人間から生まれる。人間が生み出すものは変えられる。私たちが全体主義と監視資本主義による負のシナリオを生きなくてはならない理由は、どこにもない。とめどなく広がる監視技術に根源的な議論を仕掛け、軌道を変えていこう。違法な監視を許さず、誰とでも安心してコミュニケーションできる制度を創り出そう。人と人との間に監視ではなく、信頼が育つとき、私たちの明日への歩みがどれだけ軽やかになるかを想像しながら。

あとがき――監視へのあいまいな希望的観測と手を切る

本書は、２０１７～18年に公開されたスノーデン日本関連文書を詳細に分析した初めての本である。アメリカ国家安全保障局（ＮＳＡ）の元契約職員、エドワード・スノーデンによってもたらされたＮＳＡ内部文書は、ＮＳＡの日本での大量無差別監視活動と、日本政府の多大な協力、日本の治安機関自身によるインターネット監視活動について、多くの事実を初めて白日の下に晒した。ほとんどがトップ・シークレット級で、永遠に公開されなかったかもしれない機密文書は、両政府のデジタル監視活動の違法性を示唆するとともに、監視の背景にある現代の政治、経済、戦争、技術、民主主義、平和、そして毎日のコミュニケーションに対する私たちの理解を、完全に塗り替えるほどの衝撃を持っている。

私にとってＮＳＡ文書の読解は、前作『スノーデン、監視社会の恐怖を語る』でスノーデン氏が私に語った内容を、文書によって裏づけていく作業でもあった。スノーデン氏が２０１３年に暴いたＮＳＡ世界監視網が世界中の人々の怒りを買ったため、米国では軍人と政治家はもちろん、多くのメディアも彼を「国家の敵」「裏切り者」と形容してきた。その後遺症はいまも深い。

私には米国に中堅ジャーナリストの友人が何人かいるが、極めてリベラルで、トランプ政権が耐え難いと言う彼女たちですら、スノーデンの話になると「で、どんな人だった？」と私を探るように見る。私が「謙虚で誠実。問題を自分の頭で考えて、自分の言葉で語る人だと思った」と答えると、なんとなく腑に落ちない表情で評価を控える。他のことなら自分の意見を述べずにいられない人たちが、である（これがカナダ人だと、がぜん興味津々となり質問してくる）。ブッシュ政権が開始した対テロ戦争は、人々を「反米」か「親米」かに色分けし、軍事力によって「反米」への恐怖を克服できると思い込む（思いたい）緊急避難的な発想を、気骨あるウォッチ・ドッグたちの間にも浸透させてしまった。このメンタリティーが続く限り、オバマ政権が終結宣言したところで対テロ戦争は終わっていない。トランプ政権は、国境を越えて来る、または越えていく人たちばかりか、政府を批判する国内の人たちをもますます露骨に「敵」として扱っている。

そういう友人たちの懐疑を傍らに、今回分析したNSA文書は、私のスノーデン像が誤っていなかったことを教えてくれた。彼が16年にインタビューで語ったNSA監視の手法や在日米軍基地の役割、日本で監視を合法化する際の手順は、文書に記録された状況と符合した。彼の話に誇張はなかった。自分で見聞きした以外のことは「知らない」と率直に認める一方で、文書の要所をつかんだ話をしていた。文書は彼の語りが真実であることを裏づけ、彼の語りは私の文書分析を大いに助けた。

NSA監視システムが世界を覆い尽くす規模であることを考慮するとき、20点ほどの日本関連文書がNSAと日本の関係を網羅しているとは考えられない。が、文書はその主要な輪郭を描くように選ばれていた。連合軍による日本占領期にさかのぼるNSAの隠れ事務所の歴史的背景から、日米密約の構造、日本政府の巨額の財政支援、米軍基地が集中する沖縄で「移設」の名の下に新設された監視施設、NSA日本代表部がある米空軍横田基地のアンテナ工場建設、米空軍三沢基地からの殺意のこもったハッキング攻撃、日本政府へのエックスキースコアの提供、そして内閣情報調査室が主導し、防衛省が実施するネット大量監視という最新実態まで――本書の執筆が進むにつれて、文書がバラバラに示す事柄は有機的につながり出し、NSAと日本の戦後史における私たちの現在地を指し示していった。

スノーデン氏がこれらの文書をいのちがけで運び出したことを考えると、彼が日本の人々に何を伝えるべきだと考えたのか、痛切な思いが紙から立ちのぼってくるように感じた。

文書の内容を日本の文脈に当てはめること、これは私が本書で最も心がけたことでもある。というのは、日本の人々が監視問題を一過性のスキャンダルではなく、構造的に理解するためには、これが決定的に必要な作業だと思えたからだ。日本に入ってくる国際ニュースの多くは米国経由であり、米国中心の視点から書かれている。米国以外の人々にとっての問題点は見落とされがちで、NSA監視システムについても同じことがいえる。米国という民主主義の手本とされる国で市民が監視されていたからショックなのであって、「反米」かもしれない外国人へのスパイ行為はほとんど問題視されない。だから、この視点からNSA文書を読んだのでは、問題点は見えてこない。NSAの側から見れば、何の問題も起きていないのだから。日本政府が巨額を支出して監視施設をつくってくれた、めでたし、めでたし、である。しかし日本の納税者、あるいは民主主義を実践し、戦争をなくしたいと願う人々にとっては、めでたくないのだ。視点を180度転換して読み、NSAが歯牙にもかけない文脈をこそ、補おうと思った。

文書の背景として見えてきた沖縄密約やSACO合意、米軍の組織改編などに紙幅を費やしたのは、そのためだ。これら表向きの日米合意の舞台裏もまた、監視とともに隠されてきた。パズルのピースを組み合わせるようにして、対米従属という戦後日本の文脈のなかにNSA監視問題を位置づけていった。

それと並行して、日本で現在進行中の監視社会化とのつながりも見えるようにしたかった。NSA監視活動はスパイ同士のやりとりで完結しているわけでも、バーチャルの世界で閉じているわけでもない。まさに私たちが現実に交わすメール、チャット、携帯通話、ネット検索といった日々のコミュニケーションをわしづかみにしている。しかし警察官の尾行と違って、データ監視は目に見えにくく、感じにくい。おまけにデータ監視を可能にしたのは、まさにインターネットやソーシャルメディアといった広く親しまれるデジタル技術そのもので、社会で圧倒的に歓迎されてきた。このデジタル技術への肯定感と監視技術の危険性を両天秤にかければ、よくても「監視されてるかもしれないけど、悪いことは起きないだろう」という、あいまいな希望的観測に終わってしまう。

しかし、デジタル技術に触媒されたデータ監視社会はもう始まっている、というのが私だけでなく、監視研究者の共通の見解だ。序章で論じたとおり、特定秘密保護法や共謀罪法といった監視法制が登場したのは、この現実世界で大規模化した違法監視を合法化していくつじつま合わせであり、公安警察を重用する政権と、メディアの萎縮もすでに始まって久しい。自衛隊、警察、民間会社などによる市民監視は近年次々と明らかになり（第五章）、政府がマイナンバー普及策に血道をあげる一方、企業はポイント・カード情報を利用者に無断で治安機関に渡してきた（終章）。ここでもバラバラにしか報じられてこなかった事実をつなぎ合わせることで、政府と企業が手を取り合う監視複合体と、その反民主主義的な効果の輪郭を描き出そうとした。個々の出来事は偶然ではなく、互いにつながり、補い合いながら、似たような手法で個人データを収集している。そして、この監視複合体の中心で技術を牽引してきたのが、ＮＳＡを筆頭とする軍事諜報機関なのだ。

現実に起きていることに目をつぶって監視技術への希望的観測を維持するのは、スノーデン氏が鳴らした警鐘を無にすることだ。共謀罪法案が世論の反対にもかかわらず強行採決されたことは何度でも記憶されなくてはならないが、スノーデン日本関連文書の公開直後に成立したことは、世間の目を問題からそらさせる政府の戦略の成功に他ならない。メディアのミスリーディングの罪は第一章で述べたので、ここでその戦略に立ち向かうための論理に短く言及しておきたい。というのも、共謀罪の立法根拠は、日本だけでなく政府一般が、人々の技術への期待につけこんで監視を拡大する際の決まり文句ともいえ、今後も繰り返されるだろうからだ。

安倍政権が共謀罪の立法根拠としたのは、「オリンピック」「テロ対策」「国際社会の要請」の三つだった。人々に警戒心を起こさせず、かつ反対しにくい理由をつくり出したといえる。

五輪は、経済界から大手メディアまでがこぞって協賛する。五輪を開催することは国にとって誇るべきこととされているので、日本人は一丸となって成功のために努力するべきであるかのようなキャンペーンがすでに巷に溢れている。五輪は国別対抗戦なので、国への帰属意識が煽られる。言葉を換えれば、日本にいる一人ひとりが、どれだけ貧困や孤独や差別に苦しんでいようとも、政府は一人ひとりの違いは帳消しにして「日本人」としてまとめ上げることができる。だから五輪はあらゆる国家にとって、あらゆる不平等を覆い隠して国民統合を図る絶好の機会として君臨してきた。そして近年では、警備を武装化し、新技術による監視システムを導入する一大契機となっている。アテネでも北京でもロンドンでもリオでも、五輪開催前にホームレスの人々が排除されたり、環境活動家が拘束されたりしている。一時的に導入されたはずの最新鋭の監視機器は大方、五輪終了後もとどまって人々を見張り続けてきた。

二つ目の理由、テロ対策は9・11以降、ほとんどの国が振り回す伝家の宝刀と化してしまった。共謀罪法案にも「テロリズム集団」という言葉が急いで書き込まれたが、「テロ」は国際的に法的定義が定まっていない。手元の辞書は「テロル」を「あらゆる暴力手段に訴えて政治的敵対者を威嚇すること」と説明するが、この定義に従えば、戦争はすべてテロに当たる。戦争を遂行するのは国家だが、実際には9・11がそうだったように「テロリスト」と呼ばれるのは個人の側だ。多くの国が少数者を弾圧するときに「テロリスト」と呼び、問答無用の悪者に仕立て上げる。テロという言葉は、争いの因果関係を覆い隠し、切り捨てる。だからこそ、このあいまいな言葉は国家にとって伝家の宝刀なのだが、民主主義にとっては思考停止と危険な決めつけを招く。「テロとの戦い」はだから、あらゆる反対者への終わりなき戦いになる。テロ対策は何も解決しないし、分断を悪化させ、私たちを際限ない監視の泥沼に引きずり込んでいく。

そして三つ目の理由、国際社会の要請。政府が「国際社会」と言い出したら、根拠とされる原典に直接当たる必要がある。共謀罪の正当化には国連の越境的組織犯罪防止条約が使われたが、第一章で指摘したように、この条約は審議過程でテロと切り離されていたし、共謀罪創設を署名国に要求する内容もなかった。つまりは共謀罪を推進する政府関係者がこじつけ、条約を日本国内向けに歪めて伝達したともいえる。外国政府や国際機関がこう求めている、と日本政府が説明する際には、鵜呑みにしてはならない。国際社会は日本に、死刑の廃止や韓国・朝鮮籍の人々への差別撤廃をも繰り返し求めているが、政府は発表しない。だが、監視法制をつくるためには、国際社会の威を借りようとするのだ。国際機関を介在させることで、国内的に問題のある法案を通そうとする手法は、政策清浄《ポリシー・ロンダリング》とも呼ばれる。

オリンピック、テロ対策、国際社会の要請。これらは監視政策を正当化するための典型的な理由といえ、これらにどれほど反論できるかが、私たちの未来を左右する。

だが反論は、世界各地ですでに始まっている。例えば、欧州連合は本人の同意を得ない個人情報の利用を禁止し、フェイスブックなどの独占企業にも法令遵守を課している。米国ではカリフォルニア州サンフランシスコ市やマサチューセッツ州サマービル市が政府による顔認証システムの使用を禁止した。監視技術を開発させないし使わせない、という選択肢は存在しているうえ、実現もしている。逆に言えば、抵抗のない場所にはあっという間に監視カメラが設置され、顔認証・声認識ソフトがインストールされ、オンラインとオフラインの行動がひもづけされて、私たち一人ひとりが信用スコアで点数化されたり、共謀罪容疑で逮捕されたりするかもしれない。自由を求める声を出さなければ、次なる獲物を探す監視複合体の草刈り場と化す。

その証拠に、東京五輪に向けた各種監視システムの大々的な押し売りは、もう始まっている。だからこそいま、政府と企業の隠れた監視活動を明確にし、監視技術へのあいまいな希望的観測と手を切って、反撃を開始する必要があるのだ。

本書は『サンデー毎日』5回連載「スノーデン証言が暴く共謀罪時代」（2017年8月13日号～9月24日号）、『月刊Journalism』掲載論考「不可視の監視と情報統制は始まっている」（17年10月号）、『AERA』寄稿「世界はまるで『監視資本主義』」（17年12月11日号）などを下敷きにしているが、執筆は2018年末に始まった。先行した記事や論考と約1年の間が開いたのは、私がクイーンズ大学に提出する博士論文執筆のため、日本語の仕事をすべて中断せざるをえなかったからだ。ほとんど収入源のない厳しい1年だったが、最後の夏は太平洋を横断中も、新幹線の中でも、友人宅でも、ひたすら書き続けて論文を完成させ、秋に7人の教授たちと相まみえ、タフな口頭試験に合格して、社会学博士号を取得した。しばらく寝込んだ後、博士論文はスノーデンとは関係のないテーマだったので、夢から覚めたように本書を書き始めた。前作以上に調べなくてはならないことが多く、ほとんど書き下ろしのように稿を進めていった。

その間、『サンデー毎日』連載時からお世話になっている毎日新聞出版の編集者、向井徹さんには忍耐強く待って頂き、拙稿を深く読み込んだ的確なご指摘を頂いた。感謝して記したい。

クイーンズ大学社会学部のディヴィッド・ライアン教授と監視スタディーズ・センターの仲間からは、いつもながら支えられた。私が社会学を学び、教え、研究してきた時間は、すでに新聞社にいた年月を超えた。私のジャーナリズムは社会学なしには行き詰まったろうし、社会学は現実の社会で何が起きているかという一次情報なしに理論を編み出せない（監視の害を知らずに理論を構築しても、その理論が監視の現実をとらえているとはいえない）。この両輪をどこまで回していけるかわからないが、これからもここで出会った同志たちが私の心のホームグラウンドであり続けるだろう。

ドクターになった私は学生ではなくなったので、これまで6年間暮らしてきた大学のアパートをもうすぐ退去する。ここは外国から家族づれで来ている私のような大学院生が多く、夕食時ともなると廊下に様々なスパイスの香りが流れ出し、思わずドアをノックしたくなる。国際貧乏長屋とでも呼びたくなる多様性と、生活の苦労が見えてくる場所は、居心地がよかっただけでなく、私の中流的世界観を木っ端微塵に破壊してくれた。トルコから来ている同僚はクルド紛争の平和的解決を求める署名活動を呼びかけただけで訴追され、この夏帰国することを諦めた。イランから来た友人は環境問題を研究しているが、イランでフィールドワークをすればスパイとして逮捕されるかもしれないと博士論文のテーマを変更した。ルーマニア出身の隣人は、妻が犯罪とはまったく無関係に、秘密警察の点数稼ぎのために追跡され、難民申請している。カナダは数多くのシリア難民を受け入れているが、子どもが通う学校では、警察が容疑事実をはっきりさせないまま、ＦＢＩ（！）からの通報とかで、シリア難民の少年を「テロ」容疑で逮捕してしまった。戦争からいのちからがら逃げてきた人たちを、イスラムを敵視する監視が待っている。

こういう友人と地域の現実に囲まれているので、私は監視技術にあいまいな希望的観測など持てない。監視は現実の政治のなかで、すでに数多くの人を脅かし、陥れ、苦しめている。哀しみの声はもう溢れている。もちろん、人の不幸を尻目に、監視によっていい目を見ている人々、儲かっている会社もわんさとある。両者の因果関係は見えないように隠されている。あいまいな希望的観測にとどまっていられるとすれば、この現実を知らないか、自分の身の上にまだ及んでいないからだ。しかし、誰かの身の上に起きていることは、誰の身の上にも起きうることなのだ。現実から目を背け、自分だけに爆弾が降ってこないことを願ってじっとしているより、誰の身にも爆弾が落とされないよう、動いた方がいい。

最後に、エド・スノーデンに再び感謝したい。私のキッチンの小さなラジオからは、去年あたりからしきりに、監視が人間と民主主義に与える影響を憂えるニュースが流れてくるようになった。思考の転換期が訪れている。スノーデンが語った真実は、今後も波のように人々に届き、潮のように力強くなっていくだろう。彼の勇気と、それに呼応する人々の血の通った感性にこそ、未来を切り開いていく真の希望がある。

２０１９年７月　新緑の樹々が風にきらめくキングストンで　　小笠原みどり

小笠原みどり（おがさわら・みどり）
1970年横浜市生まれ。ジャーナリスト、社会学者。94年早稲田大学法学部卒業、朝日新聞入社。社会部記者として、戦後補償、沖縄米軍基地、盗聴法や住民基本台帳ネットワークなど監視社会問題について報道。2004年米スタンフォード大学でフルブライト・ジャーナリスト研修、朝日新聞退社。05年からカナダ・クィーンズ大学大学院（修士課程）で監視研究の先駆者ディヴィッド・ライアンに師事。16年アメリカの世界監視システムを内部告発したNSA元契約職員エドワード・スノーデンに、日本人ジャーナリストとして初の単独インタビュー。18年同大学院で、近代日本の国民識別制度と植民地監視システムに関する論文で社会学博士号を取得。現在、オタワ大学特別研究員。著書に『スノーデン、監視社会の恐怖を語る』（毎日新聞出版）、『共通番号《マイナンバー》制度なんていらない！』（共著、航思社）、訳書にライアン『監視スタディーズ』（共訳、岩波書店）など。

スノーデン・ファイル徹《てつ》底《てい》検《けん》証《しよう》

日本《にほん》はアメリカの世界監視《せかいかんし》システムにどう加担《かたん》してきたか

2019年９月１日　印刷
2019年９月10日　発行

著者　小笠原《おがさわら》みどり
発行人　黒川昭良
発行所　毎日新聞出版
〒102-0074 東京都千代田区九段南1-6-17 千代田会館５階
電話　営業本部 03-6265-6941
　　　サンデー毎日編集部 03-6265-6745

印刷　精文堂
製本　大口製本
ISBN978-4-620-32596-5